W0195548

Geschichten über die Decke der Nacht und andere lebenswichtige Dinge

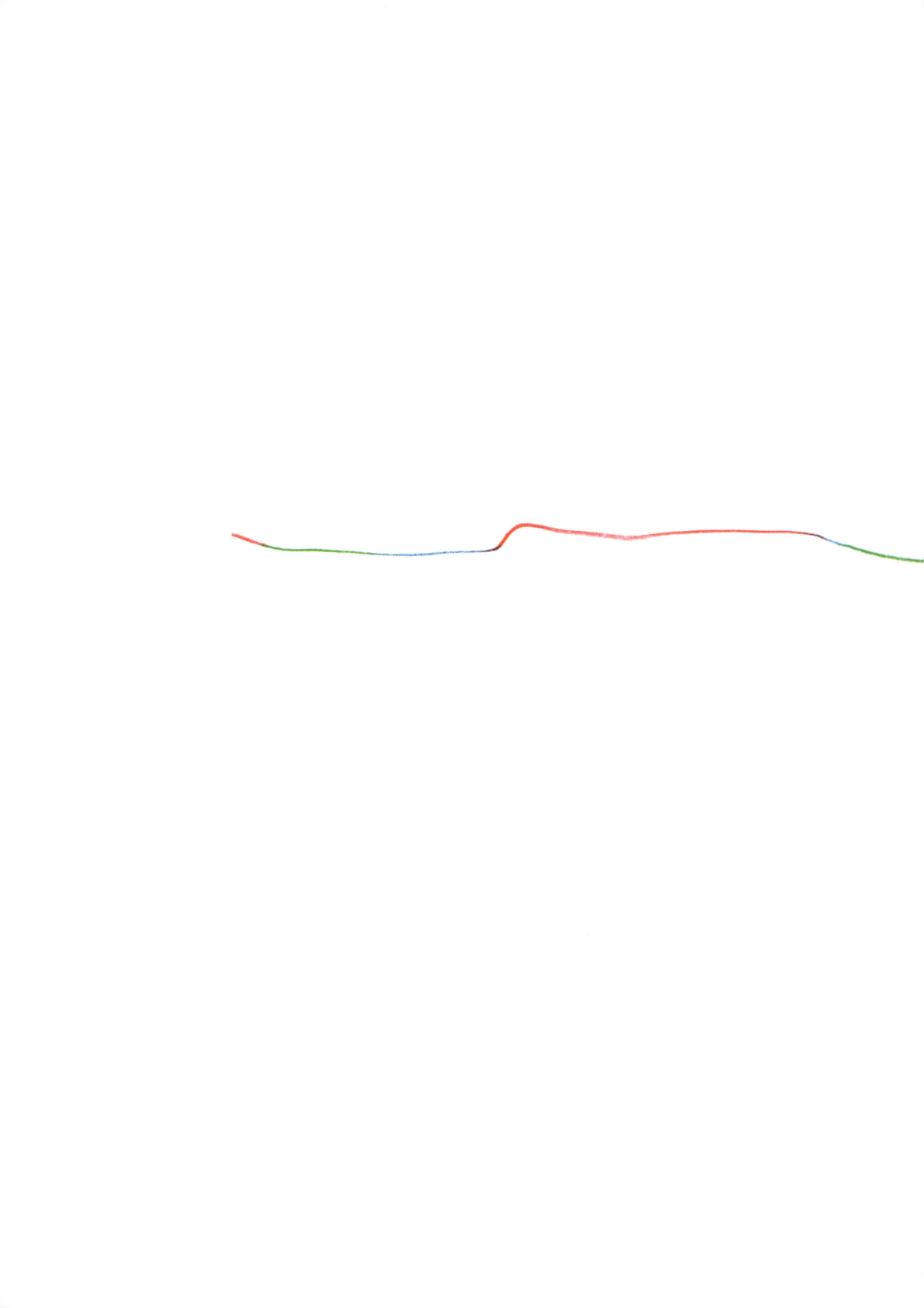

Renate Habinger &
Michaela Hampala

Geschichten über die Decke der Nacht und andere lebenswichtige Dinge

Bloomsbury Kinderbücher & Jugendbücher

MIX
Papier aus verantwor-
tungsvollen Quellen
FSC® C107574

© 2012 Bloomsbury Verlag GmbH, Berlin
Alle Rechte vorbehalten
Umschlagillustration: Renate Habinger
Gesetzt aus der Plantin von Hermann Zanier, Berlin
Druck und Bindung: Balto Print
Printed in Lithuania
ISBN 978-3-8270-5515-6

www.bloomsbury-verlag.de

Inhaltsverzeichnis

Mit dabei sind >

Das ist Eleonore Schnabel, ihre
Freunde dürfen sie **Nori** nennen.
Die Brille trägt Nori nur, weil das
so toll ausschaut. Und damit alle
gleich wissen, wie gern sie liest.
Ihr Flaumkleid pflegt sie mit
Eulentalg und Federweiß. Niemand
kann Nori etwas recht machen,
nicht einmal Franzi.

Franzi hat sein Wohnmobil immer dabei. Er ist eine Neugierds-
nase und stellt immer nur Fragen, deshalb nennen ihn alle
Immerundewig. Der grüne Punkt ist sein Navigationssystem.
Manchmal darf Immerundewig Nori etwas vorlesen.

Rotto ist ein bisschen schüchtern und ziemlich mitgenommen. Blau ist seine Lieblingsfarbe. Er ist ein sehr sanfter Hase, außer wenn man ihn beim Stricken stört. Er hat nämlich einen wichtigen Auftrag vom Reisenden.

Der Reisende ist immer unterwegs. Trotzdem weiß er über alles Bescheid. Alle vermissen ihn, aber er schickt regelmäßig Post. Eines Tages wird er sicher zurückkommen …

Der **Umräumer** sorgt für Ordnung und hat alles unter Kontrolle. Er ist für jede Gelegenheit bestens ausgerüstet, außer für Herzensangelegenheiten. Bester Laune ist er, wenn sein Vorratsschrank bis oben gefüllt ist.

Alles an **Violet** ist riesig,
auch ihr Appetit. Das macht
dem Umräumer zu schaffen.
Sie hat eine feine Nase und
ihr Herz am rechten Fleck,
so gewinnt sie jeden
Riechwettbewerb.

Der **Klugscheißer** ist immer im Bilde, jedoch schwer zu finden,
weil er ständig hinter seinen Büchern steckt.
Er weiß alles. Das ist praktisch, aber auch anstrengend.
Wenn er etwas nicht weiß, schaut er im Lexikon nach.

Aua tut immer etwas weh. Manchmal zwickt der Bauch, manchmal juckt das Knie oder es fehlt die Decke der Nacht zum Einschlafen.
Und niemand will Armer-schwarzer-Kater mit ihm spielen.
Zum Glück hat er seinen eigenen schwarzen Kater. Der muss mit.
Zum Picknick, zum Frühstück, in die Apotheke.

Das **Grubenpony** schuftet und schnauft. Wenn es nichts zu tun hat, wird ihm das Herz schwer. Oft ist es auch traurig, wenn es etwas zu tun hat. Das Leben ist eine Plage. Zum Glück hat das Gru seine Lore.

Das ist **Lore**. Sie gehört zum Gru und ist fast immer und überall dabei. In der Bibliothek, in der Apotheke, und bei Gewittern, obwohl sie sich vor Blitzen ein bisschen fürchtet.

Hier ist der Fluss >

< Aussichtswarte

Das ist das Haus vom Umräumer. Violet und Rotto wohnen auch darin.

Das Haus vom und seiner Lore

Grubenpony (wenn es grade nich wandert).

Schön zum Schwimmen, aber alle sind wasserscheu

Café-Restaurant (nobel!) >

Die Geschichten 1 – 16 >

1 Die Klackklack-Geschichte,

in der Aua vergisst, an seinen Pflastern zu kletzeln und Rotto fast die Nerven verliert

Klackklack-klackklack-klackklack. Klackklack-klackklack-klackklack.

Aua spitzt seine Ohren. Klackklack-klackklack-klackklack. Was kann das wohl sein?

Während er aufmerksam horcht, haben seine Tatzen ein Fadenende gefunden. Klackklack-klackklack.

Ist das ein Drache, der Knochen kaut? Nein, dafür ist das Geräusch zu leise. Womöglich eine gefährliche Maschine? Eine bedrohliche Apparatur, die heimtückisch irgend-etwas zerstückelt? Klackklack-klackklack-klackklack.

Nein, dafür ist das Geräusch zu gemütlich. Vielleicht schreibt einfach jemand einen beeindruckend langen Brief auf einer alten Schreibmaschine?

Klackklack-klackklack-klackklack. Dafür ist das Geräusch zu gleichmäßig.

Bilder sausen durch Auas Kopf. Sein Herz klopft und seine Tatzen zupfen und wickeln und wickeln und ziehen. Bis er sich nicht mehr bewegen kann.

»Auweia!«, stöhnt Aua.

Er hat sich heillos im Faden verheddert, dann lässt er die Arme sinken und bemerkt das neu entstandene Loch im Berg der Wollknäuel. Klackklack-klackklack-klackklack, ist jetzt laut und deutlich zu hören. Neugierig schaut Aua mit seinem nicht verbundenen Auge durch die kleine Öffnung. Und was sieht er da?

Klackklack-klackklack-klackklack! Eine große, sehr große handgestrickte Decke. Mit Farben und Streifen und Tupfen im nachtblauen Meer der Maschen.

»Ooooh!«, staunt er und zwängt seinen großen Kopf mit dem noch größeren Verband durch das kleine Loch. Er drängelt und drückt, schiebt und stößt überall an, bis der Wollberg zu schwanken und zu wanken beginnt. Von zuoberst bis zuunterst! Ein einziges großes Durcheinander.

»Entschuldigung!«, murmelt Aua verwirrt. Das Klappern hat aufgehört. Ein Fadenbüschel und ein handgestricktes Ohr tauchen auf.

»D-das darf doch nicht wahr sein!«, zischt es verärgert.

»'tschuldigung!«, wiederholt Aua.

»Kannst nicht aufp-passen!«, ruft Rotto außer sich. »Alles durcheinanderzubringen! Die g-ganze Ordnung! Die f-farbliche Abstimmung! Da ist ja kein Fadenende mehr zu finden!« An Rottos kaputtem Ohr sträubt sich jeder Wollfaden einzeln, das andere hängt schlapp und verzweifelt zu Boden.

»Eine schöne B-bescherung!«, murmelt er und schaut auf das Chaos.

»Eine schöne Decke!«, staunt Aua wieder, »darf ich sie berühren?«

»W-was?« Rotto schrickt auf und schaut zum ersten Mal wirklich zu Aua hinüber. »W-was willst denn du schon wieder?«

Unwillig mustert Rotto das Pelzwesen mit dem Verband und den vielen bunten Pflastern. »Na ja«, meint er schließlich stirnrunzelnd, »die D-decke ist eigentlich nicht zum Anfassen da, aber b-bitte.«

Aua streckt vorsichtig seine rechte Tatze aus und berührt zärtlich die verschlungenen Fäden.

»Wozu ist sie dann da?«, fragt er schüchtern.

Rotto schaut Aua misstrauisch an und antwortet dann widerstrebend: »W-wozu? Das ist die Decke der Nacht, ein Z-zelt zum Schlafen. Zum Träumen. Oder zum G-geschichtenerzählen. Für Geheimnisse und so was. Wenn man darunterschlüpft, wird es d-dunkel. Du wirst sch-schon sehen.«

»Die Decke der Nacht«, wiederholt Aua ehrfürchtig und streicht über die Maschen. »Darf ich dableiben?«

»Wenn du willst«, sagt Rotto seufzend, »aber d-dann musst du auch was t-tun!«

Auas Augen glänzen vor Begeisterung, er vergisst ganz, an seinen Pflastern zu kletzeln. Stattdessen will er wissen: »Was tun? Vielleicht Wolle aufwickeln?«

»Ich fürchte, du musst dich schon ein b-bisschen mehr anstrengen!«

Aua schaut besorgt. »Anstrengen« kostet sicher Kraft.

»Die D-decke der Nacht ist etwas Besonderes. Alle Gedanken schlüpfen zwischen die M-maschen. Darum ist es sehr w-wichtig, dass ich an etwas Sch-schönes denke, während ich arbeite, verstehst du? Du kannst mir dabei h-helfen.«

»Du meinst, beim Den-ken?«, fragt Aua voller Hochachtung und schaut so konzentriert, dass sich das kleine Pflaster auf seiner Stirn fast zu lösen beginnt, »meinst du, ich kann das?«

»Aber j-ja!«, bekräftigt Rotto großzügig,
»schau mir einfach zu und erzähl mir, was
dir in den K-kopf k-kommt.«
Aua runzelt die Stirn, schließt die Augen
und denkt scharf nach. »Mir fällt gerade ein, dass ich viel
zu schnell gelaufen bin. Weil ich mich doch so beeilen
wollte. Es war mein linkes Knie. Gestürzt bin ich. Dabei
hab ich da schon zwei Pflaster. Der Apotheker hat mir
noch eines dazugeklebt. Und etwas draufgestrichen, das
hat furchtbar gebrannt.« Aua verzieht schmerzvoll das
Gesicht. »Er hat die Wunde desinzifie … es hat wirklich
furchtbar wehgetan.«
Rotto schüttelt missbilligend den Kopf und stupst Aua
mit der Spitze der Stricknadel auf die Brust. Aua verzieht
das Gesicht, als würde er gleich in Tränen ausbrechen.
»Aua!«, jammert Aua.
»Aua, s-so geht das nicht! H-halte dich mit den Augen an
der Decke der Nacht fest, das h-hilft. Und denk an die
sch-schönen Dinge, die du schon gesehen hast.«
Aua reibt sich müde die Nasenspitze und
gähnt ein bisschen. »Ich denke an eine
Wiese mit dicken gelben Butterblumen
und die Sonne scheint warm.« Dann
öffnet er die Augen und setzt hinzu:
»Aber es hat wirklich furchtbar,
furchtbar …«

»AUA! Du sollst an etwas Sch-schönes denken!«
Aua runzelt hilflos die Stirn, dann fällt ihm etwas ein.
»Ich denke an den weiten Nachthimmel mit den vielen,
vielen Sternen …«
Beinahe fallen ihm schon die Augen zu, aber noch sieht
er, wie die Decke unter Rottos Stricknadeln wächst und
wächst. Auas Tatzen halten ein Ende der Decke der Nacht
umschlungen, die weichen Fäden schmiegen sich an sei-
nen Bauch, an seine Brust und an das Pflaster auf seiner
Wange.
»Ich denke …«, sagt Aua ganz leise, dann ist nur noch sein
regelmäßiger Atem zu hören und Rottos emsiges Werkeln:
Klackklack-klackklack-klackklack.
Klackklack-klackklack-klackklack.

2 Die Teetrink-Geschichte,
in der der Umräumer um seine Vorräte bangt, fast etwas Schreckliches passiert und viele Brote gegessen werden

»Was ist das bloß für ein grässliches Geräusch, nicht auszuhalten das. Nicht auszuhalten!«

Der Umräumer fährt seine Abstaubbürsten ein und deponiert das Preiselbeergelee-Glas wieder im dafür vorgesehenen Fach. Ein Gepolter und Gerumpel! Genervt nimmt er den Vorhang ein Stück zur Seite und starrt ins Dunkle. Draußen stöckelt ein merkwürdiges Wesen vorbei. Eine Katze? Ein Bär? In jedem Fall ziemlich rundlich. Auf den zweiten Blick außerordentlich rundlich. Die Erscheinung müht sich mit einem Rollkoffer ab. Immer wieder verrutscht der geblümte Schal, den sie um den Kopf gewickelt hat, sodass sie ins Stolpern gerät. Na, kein Wunder, bei den Schuhen! Der Umräumer schüttelt ungläubig den Kopf. Draußen rumpelt der Rollkoffer weiter übers Katzenkopfpflaster.

»W-was ist das bloß für ein fürchterlicher Lärm?« Rotto drängelt sich ans Fenster. »W-was für ein V-volumen!«, lästert er.

»Volumen!«, schreit der Klugscheißer von oben unter dem Dach herunter, »das bedeutet in diesem Fall Umfang.«

»Jaja, wo dieses Wesen seinen Hintern hinbewegt, wächst so schnell kein Gras mehr, ein phänomenales Geschöpf!«, kichert der Umräumer.

»Ein k-kolossales Geschöpf!«, bestätigt Rotto und beide prusten, bis ihnen die Tränen über die Wangen kullern.

»Phänomenal!«, schreit der Klugscheißer, »wir sprechen hier von etwas Außergewöhnlichem, Einzigartigem, Unge-wöhnlichem, das noch dazu enorme, will sagen ungeheu-re, mit einem Wort kolossale ...«

»So halt doch endlich die Klappe da oben«, zischen Rotto und der Umräumer empört und überhören dabei fast, dass es an der Tür klopft.

»Hallo, ist hier jemand?«

»Nur zwei halbe Portionen«, kichert der Umräumer und hält die Luft an.

»Wie bitte? Ich kann Sie nicht verstehen! Apropos – könn-ten Sie wohl so freundlich sein und die Tür öffnen? Ich bin etwas vom Weg abgekommen. Ich fürchte fast, ich bin

eine Station zu früh aus dem Zug gestiegen. Wo, um alles in der Welt, befinde ich mich denn hier?«

Rotto öffnet die Tür.

»Guten Abend, die Herrschaften, guten Abend, ich bin Didu. Abkürzung von dicke Dudel. Aber eigentlich heiße ich Violet. Ich habe mich immer nur für Sachen interessiert, die man auch essen kann. Man kann sich schließlich nicht auf alles konzentrieren im Leben, nicht wahr? Apropos – Sie hätten nicht zufällig eine kleine Stärkung für mich?«

Während sie sich häuslich breitmacht und ihre wirklich riesigen Füße aus den Schuhen befreit, durchforstet der Umräumer die Vorratskammer nach Essbarem. Kochen ist ja nicht unbedingt seine größte Leidenschaft, seine Spezialität ist eher die Vorratshaltung. Da gibt es den ein oder anderen wunderbaren Leckerbissen, eingelegte Heringe und köstliche Salzgurken und gefüllte kleine Paprika. Der Umräumer ist ein geschickter Glas- und Dosenöffner, keine Frage, er mag es aber gar nicht, wenn die Vorräte schwinden. Er liebt es, Vorratsgläser und Dosen zu schlichten und zu zählen und sie mit sauberen kleinen Etiketten zu bekleben, die akkurat beschriftet sind. Jetzt seufzt der Umräumer und kocht ohne allzu große Begeisterung Tee. Dann richtet er doch einige Marmeladenbrote, weil man zu einem Gast ja nicht so sein kann. Der Tee zieht noch, da ist der Teller schon leer. »Hmm, duftet das köstlich, Salbei und ein Hauch Thymian, nicht wahr? Wissen Sie, das ist mein Beruf.«

»Beruf?«

»Man nennt mich nicht nur Didu, man nennt mich Didu, die Nase.«

Rotto und der Umräumer schauen die Besucherin erstaunt an. Sie ist in jeder Hinsicht bemerkenswert. Aber die Nase ist das Unauffälligste an ihr.

»Apropos – ich wollte eigentlich nach Hügelhagen zu einem Riechwettbewerb. Der vierte in diesem Jahr. Langsam eine wirklich anstrengende Geschichte. Ein Kompottwettbewerb und ein Puddingwettbewerb und neulich war ich sogar in Frankreich. Das war extraordinaire!«

»Das bedeutet außergewöhnlich auf Französisch«, ruft der Klugscheißer von oben. Auch wenn er eigentlich beleidigt ist, kann er seine gescheiten Zwischenrufe nicht lassen.

»Natürlich habe ich überall gewonnen«, meint die Besucherin, während sie sich die Krümel vom Mundwinkel wischt und zur Anrichte schielt, wo der Brotlaib liegt.

»Das ist eben so. Andere verbringen ihr Leben damit, Gadulka zu spielen.«

»Bulgarisches Streichinstrument«, mischt sich der Klugscheißer nochmals ein. Didu, die Nase, ignoriert den Zwischenruf und fixiert die gefüllten Gläser auf der Küchenanrichte. Sie nimmt genüsslich einen Schluck aus der großen Tasse mit den daraufgemalten Erdbeeren. »Schön heiß, das tut gut. Sie können sich nicht vorstellen – dieses feuchte Wetter. Alles beginnt mit einem kratzigen Hals. Dann kommt der Schnupfen. Ich rieche nichts. Ich schmecke nichts. Ich hasse diese Jahreszeit.« Sie zupft an ihrem Schal. Endlich fragt der Umräumer: »Noch ein Brötchen, Gnädigste?«

Und sie stimmt so begeistert zu, dass er um seine Vorräte bangt. Die Brote schmecken und der Tee wärmt. Didu erzählt von exquisiten Pasteten in Frankreich, fantastischem Frühstück in Schottland, von hervorragender Orangenmarmelade in England, köstlichen Spaghetti Bolognese in Italien und sonnengereiften Trauben vom Balaton …

Rotto kuschelt sich in den großen Ohrensessel. Der Umräumer stellt schon wieder eine Kanne mit heißem Tee auf den Tisch. »Glückstee«, verkündet er und alle schauen neugierig

auf die dampfenden Tassen. Didu wirft sich ihren geblümten Schal elegant um die Schultern und findet: »Apropos –
wird es nicht langsam Zeit fürs Frühstück?«

Dann schließt sie plötzlich die Augen, lehnt den Kopf
zurück und sagt entschlossen: »Hier stimmt etwas nicht!«

»Was denn?« Der Umräumer überlegt mit einem schweren
Seufzer, welchen Tee er noch vorrätig hat. Didu, die Nase,
stemmt sich aus den Polstern und wiederholt energisch:
»Es riecht verbrannt … Es riecht nach Gefahr … und
zwar von oben.«

Alle schnüffeln konzentriert.

Nichts. Rein gar nichts.

Es riecht nach
Gefahr ...

Trotzdem beschließt Rotto nachzusehen und klettert die Leiter hinauf zum Dachboden. Er kämpft sich vorsichtig durch die Wolke aus beißendem Rauch. Drei dicke Wörterbücher. Ein digitales Nachrichten-, Auskunfts- und Informationssystem. Ein atmosphärisches Verlängerungskabel. Und unter der Decke der Nacht der völlig erschöpfte Klugscheißer. Hustend löscht Rotto die Kerze, da sieht er es: Die Decke ist angekokelt. Nicht auszudenken, was da hätte passieren können! Das ganze Haus in Gefahr! Die einmalige Decke der Nacht! Er zieht nervös an seinem lädierten Ohr. Der Schlaf seiner Freunde, ja sogar ihr Leben! Alles bedroht! Rotto schluckt.

Der Klugscheißer bemerkt von all dem nicht das Geringste. Er träumt gerade von einem wunderbar illustrierten Lexikon über die Artenvielfalt der Tiefseefische.

Am Morgen ist er zerknirscht. Ganz freiwillig hilft er dem Umräumer bei der Zubereitung des Frühstücks. Rotto hängt fassungslos im Winkel der Eckbank.

Alle sind übermüdet
und nicht sehr gesprä-
chig, nur Didu ist prächti-
ger Laune, sie scheint auch
schon wieder Appetit zu haben.
»Diese Marmeladen sehen aber
köstlich aus!« Beinahe andächtig
schnüffelt sie in die frisch geöffneten Gläser.
Der Umräumer fährt den elektrischen Milchschäumer
aus und fabriziert extracremige Milch für seinen Gast.
Er geniert sich für die Unfreundlichkeit und knufft den
Klugscheißer energisch in die Seite.
»Nun, Gnädigste«, meint der endlich und räuspert sich
verlegen, »es wäre uns ein wahres Vergnügen, wenn Sie
uns noch eine Weile mit Ihrer erlesenen Anwesenheit
beglücken könnten.«
Der Umräumer knufft ihn noch einmal.
»Und wir möchten Ihnen unseren aufrichtigen Dank für
Ihren Einsatz aussprechen«, fügt der Klugscheißer hinzu.
»Gibt es vielleicht irgendetwas, was wir für Sie tun kön-
nen?«
»Oh«, meint Didu, die Nase, entzückt, »da fällt mir schon
etwas ein! Ich möchte gern im Bett bleiben. Und köstliche
Brote essen. Zum Beispiel mit Hagebuttenmarmelade.«
Didu schmatzt ein wenig, als hätte sie den Geschmack
schon auf der Zunge. »Und durch ein Loch in der Zim-

merdecke hinausschauen, um zu sehen, dass das Wetter
schlecht ist, sodass ich auf keinen Fall nach Hügelhagen
fahren kann. Das wäre großartig!« Ihre Augen leuchten.
»Da gibt es nur ein Problem, Verehrteste«, wendet der
Klugscheißer ein, »wenn das Wetter schlecht ist und es
regnet, dann regnet es auch durch das Loch, und Sie werden pitschnass! Haben Sie nicht vielleicht zufällig noch
einen kleinen Reservewunsch?«
»Aber natürlich!«, meint Didu fröhlich, »es ist außerordentlich wichtig im Leben, für Reservewünsche zu
sorgen. Meiner wäre ein hübsches und gleichzeitig auch
wunderbar warmes Stirnband. Mit meinen Schals ist es
geradezu unmöglich, Hals und Ohren warm zu halten,

das ist immer so eine rutschige Angelegenheit!
Und Sie wissen doch, wenn mein Hals …«
»D-das lässt sich machen«, wirft Rotto eilig ein.
Er fängt gleich an, ein paar hübsche Farben
herauszusuchen, Froschgrün und Himbeerrot.
»Das wird himmlisch zu meinen geblümten Klei-
dern passen! Ich liebe geblümte Kleider, die machen
so schön schlank!«, ruft Didu begeistert.

Der Klugscheißer, Rotto
und der Umräumer schauen
einander betreten an. Von diesem Moment
an nennen sie ihre neue Freundin nur noch Violet.

3 Die Freundschafts-Geschichte,
in der wieder niemand Armer-schwarzer-Kater spielen will und das Grubenpony seine Lore tröstet

»Ich bin doch dein Freund!«
Aufgeregt hoppelt das Gruben-
pony hinter Aua her.
»Heute nicht!«, grummelt Aua.
»Heute hab ich mir schon wehgetan.«
Verdutzt bleibt das Grubenpony stehen. »Wehgetan?
Heute nicht, morgen schon? Oder umgekehrt?«
Jetzt bleibt auch Aua stehen, kratzt am Verband und dreht
sich zum Grubenpony um: »Oder willst du endlich mit
mir Armer-schwarzer-Kater spielen?«
»Fang nicht schon wieder damit an«, seufzt das Gru.
»Eben!« Eingeschnappt trottet Aua weiter. »Hab ich ja
gewusst. Keiner will mit mir Armer-schwarzer-Kater
spielen.«
Das Grubenpony klappt das linke Ohr um und lässt sei-
nen Kopf hängen, unentschlossen trippelt es auf seinen
drei Beinen herum. Da kommt Immerundewig des Wegs.
»Ich bin dein Freund!« Freudig hoppelt das Grubenpony
auf ihn zu.

»Freund? Freund? Wieso?« Immerundewig runzelt seine faltige Stirn. Sein linker Zeh sagt ihm, dass ganz schlechtes Wetter kommt und die Blumenstöcke ungeschützt sind und die Fenster noch offen und überhaupt: Wer will vor einem Schlechtwettereinbruch einen hoppelnden Freund?

»Hast du niemand anderen?«, fragt Immerundewig, aber das ist keine wirkliche Frage.

Schon ist er um die nächste Ecke verschwunden und das Gru steht wie angewurzelt auf der Straße. »Nein!«, wimmert es in der elektrisch aufgeladenen Luft.

»Gwwwr …«, rollt ein Donnergrollen auf das Gru zu.
»Keine Angst, Lore!«, meint es mit tiefen Falten auf der Stirn, »ist nur ein Gewitter.« Dann drückt es sich mit seiner Lore an die schützende Hauswand.

Es kommt wirklich ein dickes Unwetter. Die Welt verwandelt sich im Handumdrehen in ein trostloses Grau und das Gewitter bringt undurchdringliche Regenvorhänge mit sich. Blitze zucken durch die Tropfenwände. Das Krachen des Donners folgt augenblicklich.

»Musst dich nicht fürchten, Lore«, murmelt das im Grau verlorene Gru, »gleich finden wir unser Haus.« Aber da ist nichts. Nur Regen, Regen, Regen.

»Hallo!« Das Gru trieft aus jedem Haarbüschel, die Lore ist patschnass.

40

Gleich bist du
wieder trocken, Lore!

»Hallo!«, ruft das Gru noch einmal. Irgendjemand schnappt es am Zügel und zerrt es mit. Die Lore rumpelt hinter dem Grubenpony, das Gru hoppelt hinter seinem Zügel her, bis sie vor einer Tür stehen, die dem Grubenpony bekannt vorkommt.

»Unser Haus, Lore!«, seufzt es erleichtert und stößt mit seinem Vorderhuf die Tür auf.

»Ich bin auch dein Freund!«, ruft das Gru in den undurchdringlichen Regen hinaus, aber niemand antwortet. »Hallo!«, ruft es noch einmal. Nur das Prasseln der Tropfen auf dem Pflaster ist zu hören.

Mit dem Hinterhuf schlägt das Gru die Tür von innen zu, zieht die nasse Lore ins Bad, leert sie aus und reibt sich und den Anhänger mit einem großen Badetuch trocken. »Was meinst du, Lore«, murmelt das Gru, während es sein Fell föhnt, »ob das der Reisende war, der uns gerettet hat?«

Das **Haus** vom Gru steht leider nicht immer an seinem Platz.

Immerhin hat der **Anbau** genau die richtige Größe für Lore.

45

4 Die Baumhaus-Geschichte,
in der die Glühwürmchen tanzen und Rotto ein Netz spannt

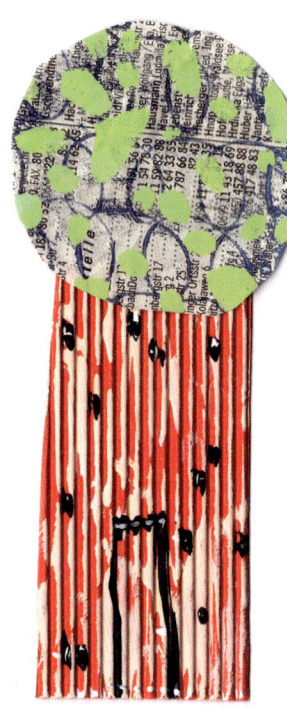

Öffnungszeiten: täglich nach Wunsch und bei dringendem Bedarf steht auf dem Schild. Rotto muss sich auf die Zehenspitzen stellen, um es lesen zu können. Hätte die Spitze seines Ohrs ein Auge, dann könnte er auch die oberste Zeile lesen.

Er weiß aber trotzdem, was draufsteht: Bibliothek. Hat ihm der Klugscheißer vorgelesen. Gerade, als er vorbeikam. Was ist das? Ein Gebäude oder ein Baum? Rotto weiß nicht so recht. Der Stamm drängt sich zwischen zwei ziemlich normale Häuser, hat eine grobe Rinde und schaut aus, als würde er platzen. Zum Himmel hin wächst ein mächtiges Blätterdach, eine Art Baumkrone. Schon von Weitem ist zu erkennen, dass jedes Blatt anders aussieht: wie Seiten aus Büchern, mit Schrift oder mit Bildern bedruckt.

G-gibt es hier vielleicht
mehr L-licht?

Ganz unten steht Rotto und liest das Kleingedruckte:
Für den Inhalt verantwortlich und die Verwaltung zuständig:
Eleonore Schnabel.

»Alles k-klar«, stellt Rotto fest, nachdem er sich beim
angestrengten Lesen langsam einen knallgelben Faden
aus dem Bömmelschwanz gezogen hat. Er sucht nach
einer Klingel. Keine zu finden! Stattdessen ein Leuchten
auf der Holztür: »Sag das Zauberwort!«

»Z-zauberwort, Zauberwort«, überlegt Rotto, »soll das
›b-bitte‹ sein? Oder ›S-simsalabim‹?«

Er klopft verzweifelt an die Tür und ruft: »Nori, ich
b-brauche ein B-buch!«

Rumms – und offen ist die Tür. Welches Wort war jetzt
das Zauberwort?

»Was für ein Buch?«, ruft jemand, von irgend-
wo weit oben.

Zaghaft betritt Rotto den schlecht beleuchte-
ten Raum. Anscheinend besteht er nur aus
Leitern, schmalen Stegen und Bücherregalen. Weiter oben
verliert sich alles in einem Blätterwald, durch den ein
Stern blinkt.

»Vielleicht hätte ich d-doch untertags kommen sollen«,
überlegt er im Halbdunkel. Ein Meer von Glühwürmchen
schwirrt herum und beleuchtet die Buchrücken.

»G-gibt es hier vielleicht mehr L-licht?«, ruft Rotto ängstlich nach oben.

»Ssssssrrrr!«, rauscht es und Nori landet direkt neben ihm. Mit einem Flügel hält sie Rotto eine Taschenlampe hin, mit dem anderen glättet sie ein paar Federchen auf ihrem Bauch.

»Bitte sehr, das Licht.« Nori mustert Rotto und fragt: »Warst du denn schon einmal hier?«

Rotto lässt sein Ohr hängen und seinen Bömmelschwanz. »N-nein«, gesteht er seufzend, »ist das sch-schlimm?«

»Besser spät als gar nicht«, stellt Nori fest. »Dann muss ich dir wohl noch die Bibliotheksregeln erklären, oder?«

Rotto trippelt von einer Pfote auf die andere. Er wollte nur ein Buch mit Strickmustern und keine Bibliotheksregeln.

»Wenn du ein Buch durch die Tür hinausträgst, wird es automatisch registriert. Solltest du es länger ausleihen wollen als vorgesehen, werden keine Mahnungen verschickt. Bringst du es zurück, bevor du es gelesen hast, bist du selber schuld. Und wenn es dir nicht gefällt, dann solltest du dir möglichst bald ein anderes aussuchen. Vorgelesen wird nur zur Dämmerstunde, und das auch nicht jeden Tag. Aber immer wieder.« Nori kratzt ihre

Stirnfederchen, sicher hat sie irgendetwas Wichtiges vergessen. Ungeduldig beginnt Rotto mit dem Knopf auf der Taschenlampe zu spielen: ein – aus – ein – aus – ein – aus. Nori runzelt die Augenbrauenfedern: »Benutzen der Leitern auf eigene Gefahr!« Dann rauscht sie wieder ab.

»Und die Bücher mit den Sch-strickmustern?«, fragt Rotto ins Halbdunkel.

Keine Antwort. Das bedeutet wohl: suchen. Rotto klemmt sich die Taschenlampe hinters Ohr. Dann zieht er ein Wollknäuel aus seiner Bauchtasche und wickelt das Fadenende um ein Buch. Falls er sich verirrt. Er klopft seine Hinterbeine zusammen. Die Leiter hinauf, den Steg entlang – rumms!

»'tsch-schuldigung!«, murmelt Rotto nach dem Zusammenstoß und leuchtet dem Grubenpony ins Gesicht.

»Ich hab nichts durcheinandergebracht, wirklich! Nur ein paar Pferdebücher möchte ich mir ausleihen«, wimmert es und reibt seine Schulter. »Ich bin dein Freund!«, setzt das Gru noch hinzu und schaut verzagt zu seiner Lore.

Die ist schon mit einem großen Bildband beladen, auf dem Umschlag ein eleganter Lippizanerkollege.

»Und die B-bücher mit den Strickmustern?«, will Rotto wissen.

»Vielleicht weiter oben?«, vermutet das Gru.

»D-danke!« Rotto klettert die nächste Leiter hinauf –
Abenteuerromane mit Indianern und Musketieren, rund
ums Regal – Gartenratgeber für Mauerblümchen und
andere Pflänzchen, den Steg hinüber – Krimis und Gru-
selgeschichten, die Leiter hinunter – rumms! – Comix mit
dicken und dünnen Helden, dahinter Erziehungstipps.
Alles da, nur keine Strickmuster!
Rotto wickelt und wickelt ab – rumms – »'t-tschuldigung!«
Schon wieder ein Zusammenstoß!
»Macht nichts, macht nichts!«, meint ein Mann
im Kellnerfrack und rückt seine Brille zurecht.
Dann steckt er seine Nase wieder in das
Buch mit dem Kaffeebohnen-Umschlag.
Rottos Knäuel wird kleiner und kleiner –
Wörterbücher in allen Sprachen, dicke Bände
über fremde Länder, Bilderbücher in rauen
Mengen und jede Menge Glühwürmchen, die sich beim
Näherkommen in Taschenlampen verwandeln.
»'t-tschuldigung!«, murmelt Rotto in einem fort, weil die
Stege eng sind, wenn da so viele sitzen und lesen.

Und dann stolpert er. Über einen Stein, mitten im Weg.
»'tsch-schuldigung!«, rutscht es ihm raus.
Dem Stein wächst ein Kopf und Beine auch. Rottos
Taschenlampe beleuchtet Immerundewigs gemütliches
Wohnmobil.

»Die Bücher m-mit den Strickmustern, w-wo können die
bloß sein?« Langsam wird Rotto ungeduldig. Und ihm
geht sein Faden aus.

Auf Immerundewigs Nase leuchtet ein grüner Punkt auf.
Wie immer, wenn es darum geht, etwas zu finden. Der
grüne Punkt juckt ein bisschen, ein gutes Zeichen.

»Komm mit!«, meint Immerundewig und schwingt seinen
Kopf in Richtung der dunkelsten Ecke.

Den Steg ganz nach hinten, um drei Bücherregale herum,
eine winzige Leiter hinauf – da ist Rottos Faden zu Ende.

»Siehst du?« Immerundewig lächelt in Rottos Lichtschein
und deutet aufs Bücherregal. Eine ganze Abteilung mit
Büchern übers Häkeln und Stricken.

»H-herrlich!« Rotto schlägt seine Hinterbeine zusammen,
zieht ein Buch nach dem anderen heraus und lässt sich
mit einem großen Stapel auf dem nächsten Hocker

nieder. Der ist gepanzert, denn Immerundewig hat sich für ein Nickerchen zurückgezogen.

»Rumms!«, hört man immer wieder und manchmal »Aua!« oder auch »Hilfe!«. Aber Rotto ist vertieft in die wunderbaren Strickanleitungen. *Durchlässiges Lochmuster für Frischluft-Fans*, liest er mit klopfendem Herzen, *Wohlig Beruhigendes in abgetönten Farben. Muster mit Fransen, an denen man Halt findet. Die Farben der Träume stricken.* Eine Anleitung interessanter als die andere! Und dann findet Rotto das Muster mit dem Namen: *Blumenwiese.*

»Genau das R-richtige für Violet!«, ruft er begeistert, und: »Immeru-undewig!«

Unter seinem Hinterteil wackelt der Hocker.

»Ich hab g-genau das gefunden, was ich g-gesucht habe! Kommst du auch mit?«

»Nein, ich muss noch ein bisschen studieren.«

Und schon ist Immerundewigs Kopf wieder verschwunden.

Freudestrahlend wickelt Rotto das Knäuel wieder auf, das Buch unter den Arm geklemmt, die Taschenlampe hinterm Ohr.

»'t-tschuldigung!«, murmelt er, weil er vier dicke Käfer auswickeln muss.

»Hilfe!«, ruft jemand auf einer Leiter.

»Tsch-schuldigung!«, stottert Rotto und befreit den Kell-
ner, der mit seinem Kaffeebohnenbuch wie in einem
Spinnennetz hängt. Rotto wickelt und wickelt, wobei er
sich ständig entschuldigt, weil alle Bibliotheksbesucher
sich in seinem Faden verwickelt haben.

Endlich steht Rotto vor dem Buch, an dem das andere
Fadenende angebunden ist. *Labyrinthe und Irrgärten* heißt
es und auf seinem Umschlag ist ein großer Garten mit
winkelig angelegten Wegen.

»Das n-nehm ich mit!«, beschließt er, »vielleicht f-finde ich
mich dann das nächste Mal hier b-besser zurecht.«

Er klemmt das zweite Buch unter den Arm und stolpert
schwer beladen durch die große Eichentür ins Freie.

5 Die Schlafwandel-Geschichte,

in der das Gru die Sterne sieht, Aua keine Pflaster bekommt und Nori beleidigt ist

Das Grubenpony wird munter, weil plötzlich ein kühler Windhauch seine Schulter streift. Es stöhnt: »Nicht schon wieder, lange mache ich das nicht mehr mit!«
Hat sich doch wirklich sein Haus schon wieder selbstständig gemacht! Eine schlimme Angewohnheit!
Es ist immer das Gleiche. Das Grubenpony fällt nach der Rackerei des Tages völlig erschöpft in den Schlaf, dann – mitten in der Nacht, schwups! – ist sein Haus verschwunden, wie in Luft aufgelöst, futsch. Über dem Gru nur ein großes blauschwarzes Nichts, in dem verhalten ein paar Sterne funkeln. An Schlaf ist nicht mehr zu denken. Es ist kalt und manchmal sogar feucht. Und es ist einsam, so ganz ohne Dach über dem Kopf. Dann kann das arme Pony zu seinen übrigen Arbeiten auch noch ausfindig machen, wo das Haus sich diesmal wieder versteckt hält.

Ein Haus ist ja nicht gerade ein Hosenknopf und verliert sich nicht so schnell! Aber trotzdem ist es nicht immer leicht zu finden. Manchmal verkriecht es sich unter den Bäumen am Fluss, auf den ersten Blick nicht zu erkennen. Oder es quetscht sich einfach zwischen zwei andere Häuser und macht auf schmalbrüstig und bescheiden. Das bringt das Grubenpony zur Verzweiflung. Am merkwürdigsten aber ist, dass niemand das Haus je in Bewegung gesehen hat. Man weiß nicht, ob es kriecht, fliegt oder hoppelt, Tatsache ist, dass es bisweilen einfach plötzlich den Standort wechselt, wie von Zauberhand.

Das Gru gähnt und schüttelt seine Mähne. »Ein schlafwandelndes Haus! Wo gibt es denn so was?!«

Müde trottet es die große Allee entlang, vorbei an Noris Bibliotheksbaum. Keine Seele, also galoppiert das Pony weiter, vorbei an der Kirche, einmal um den Marktplatz herum. Es denkt kurz nach, ob es schnell über die Brücke zum Sportplatz schauen soll.

Dort hat es sich das Haus schon einige Male gemütlich gemacht. Das Gru überlegt es sich anders und zockelt durch die Gassen des Örtchens, am Gasthaus vorbei bis zu einer kleinen Straße mit einem winzigen Wiesenfleck. Dort steht Auas Kartenhaus, ein sehr zerbrechliches Zuhause, besonders bei Schlechtwetter. Ein kleiner Windstoß und die Karten fallen in sich zusammen. Außerdem zieht es immer.

Spielen wir
Armer-schwarzer-
Kater?

»Auch kein Vergnügen«, denkt sich das Gru, gähnt noch einmal herzhaft und ruft dann: »Aua, bist du zuhause?« –

Nichts rührt sich. Noch einmal: »AUUUAA!«

Da lugen schon zwei vor Begeisterung strahlende Augen um die Ecke: »Was ist los? Willst du etwa Armer-schwarzer-Kater mit mir spielen?«

»Nein, keine Zeit für solche Kinkerlitzchen, ich muss mein Haus suchen!«

»Ich begleite dich«, meint Aua, »wenn wir in der Apotheke vorbeischauen, ich brauche dringend neue Pflaster!«

Das Grubenpony geht kurz in die Knie, damit Aua aufsitzen kann.

»Oje!«, ruft er, als er merkt, dass er seinen geliebten schwarzen Kater vergessen hat. Der muss aber unbedingt mit. Dann klettert er endlich aufs Pony.

»So«, meint er zufrieden, »es kann losgehen.«

Die Apotheke hat noch geschlossen. Sie drücken auf den Klingelknopf unter dem Schild »Für dringende Notfälle«. Nach einer Weile hören sie von hinten eine grantige Stimme. »Gru! Was willst denn du hier?«

»Wir brauchen dringend eine Packung von den grünen Pflastern mit dem hübschen Muster darauf, mein Knie …«

»Das ist kein Notfall!«, tönt es aus dem Halbdunkel des Ladens.

»Aber es ist schon nach acht, Sie müssen öffnen!«

»Gar nichts muss ich! Auch Apotheker können einmal krank werden! Verschwindet und kommt in ein paar Tagen wieder!«

Rumpeln, dann Stille.

»Unerhört!« Die beiden machen sich wieder auf den Weg.

»Ich bin müde«, jammert Aua, der sich ungeschickt in der Mähne des Grubenponys festkrallt.

»Wer weiß, wo sich dein dummes Haus diesmal versteckt hat, ich mag nicht mehr.«

Das Grubenpony seufzt. »Wir besuchen jetzt einfach den Umräumer. Vielleicht gibt es dort Frühstück.«

Sie trotten am Apfelbaum vorbei und biegen nach der Kirche wieder in die große Alleestraße ein. Das Haus vom Umräumer ist hoch und schmal, eher ein Turm, in dem es nach oben hin immer enger wird. Es sieht von außen nicht besonders groß aus, aber erstaunlicherweise haben alle Platz,

Direkt unter dem Dach wohnt der **Klugscheißer.**

Das ist das Lieblingssofa vom **Umräumer,** aber für so was hat er wenig Zeit.

sogar der Reisende, wenn er endlich wieder zurückkommt. Außerdem läuft ums Haus herum ein überdachter hölzerner Balkon, das ist praktisch. Zum Kräutertrocknen. Zum Sonnenbaden. Zum Wäscheaufhängen, wenn es regnet. Zum Ameisenbeobachten. Zu was auch immer.

Keiner merkt, dass sich die beiden in die Stube drängen. »Na, das ist ja noch schöner«, meint Nori gerade ärgerlich und plustert sich gehörig auf. »Ich war gestern wieder einmal nicht eingeladen!«

»Aber meine Liebe«, beschwichtigt Immerundewig, »ich war auch nicht eingeladen. Genau genommen war niemand eingeladen – schließlich sind wir ja jetzt hier, oder?« Die Eule schnauft ungeduldig. »Und bitte, wer ist jetzt eigentlich diese Person, diese … diese …?«

»Du sprichst von Violet? Grundsätzlich eine sehr nette Person, eine feine Nase, vor allem aber ein außerordentlicher Appetit …«, meint der Umräumer geschäftig, »ich mache gerade sicherheitshalber eine zweite Pfanne Risibisi, ich dachte an etwas Internationales …«

»Was ist denn das?«, fragt Immerundewig erstaunt, »Risibisi???«

»Klingt hübsch, nicht wahr?«, meint der Umräumer stolz. »Es handelt sich dabei um eine norditalienische Reisspezialität«, schreit der Klugscheißer von oben.

»Bei uns heißt das ganz einfach Erbsenreis«, murrt Nori, »und den konnte ich noch nie leiden.«

»Oh«, meint der Umräumer betreten, »wo habe ich jetzt nur wieder die Pfeffermühle.«

Nori rollt vielsagend mit den Augen. Es kommt oft vor, dass der Umräumer etwas so gründlich verräumt, dass er es nicht mehr findet.

»Na und wo ist denn jetzt eure Königin der Nasen?«, fragt Nori mit spöttischem Unterton.

»Pst!«, unterbricht der Umräumer sie erschrocken, »sie schläft gerade ein bisschen, weck sie bloß nicht auf, das Essen ist noch nicht fertig.«

»Dann mach ich mich wieder auf die Socken«, meint das Grubenpony.

»Willst du denn nicht mit uns essen, ich möchte dir gern unseren Gast vorstellen.«

Der Umräumer holt Teller aus der Kommode, Aua hat schon erwartungsvoll auf dem Sofa Platz genommen.

»Keine Zeit«, entgegnet das Gru, »ich muss mich beeilen! Ich muss noch in die Apotheke, beim Pflastersortieren aushelfen. Der Apotheker ist nämlich schon ganz grantig vor lauter Grippe und außerdem muss ich noch mein Haus suchen!«

Es winkt kurz mit dem Vorderhuf und galoppiert davon.

6 Die Marmelade-Geschichte,
in der es um lebenswichtige Dinge geht und zuletzt doch noch gemütlich wird

Es regnet seit Tagen. Alles grau. Am frühen Nachmittag ist das Licht bereits so schwach, dass man meinen könnte, es wäre schon fast Abend. Das Grubenpony seufzt theatralisch. »Wenn nur endlich besseres Wetter wäre. Wenn die Sonne wieder einmal scheinen würde. Wenn nur endlich irgendetwas passieren würde.« Das Gru stöhnt. Bei Regen ist das Leben einfach grauenhaft langweilig.

Dabei sind doch alle beschäftigt: Rotto sitzt auf dem Sofa und probiert ein neues Strickmuster aus. Hoch oben unter dem Dach blättert der Klugscheißer

Was schlägst du vor, Gru?

in seinem neuen geografischen Lexikon und macht sich
eifrig Randnotizen mit einem frisch gespitzten Bleistift.
Der Umräumer klebt hübsche Etiketten auf seine Marme-
ladengläser: Bananen-Stachelbeer-Marmelade, Hagebuttenmarmelade, Orangen-Nuss-Marmelade, Erdbeer-
Pfeffer-Marmelade …
Er hält kurz inne und schaut zum Grubenpony: »Wir
könnten etwas unternehmen!«
»Etwas Sinnvolles?«, will das Gru wissen. »Wir könnten
zum Beispiel ein Geschäft aufmachen.«
»Wozu denn das«, schreit der Klugscheißer von oben.
»Du meinst, damit die Leute etwas Köstliches kaufen
können?«, fragt Violet, die gerade überlegt, was sie denn
als Nächstes essen könnte.
»In jedem Fall etwas, was ihnen hilft, Ordnung zu halten!«,
schlägt der Umräumer vor. Rotto hört auf, seine Maschen
zu zählen, und schaut neugierig in die Runde.
»Es müsste schon etwas sein, was die Leute wenigstens
klüger macht!«, wirft der Klugscheißer ein.
»Es sollte etwas ganz Besonderes sein!«, ergänzt das
Grubenpony.
Das ist doch wirklich einmal eine gute Idee und alle
machen sich an die Arbeit. Der Umräumer wischt seine
Regalbretter und füllt sie mit bunten Gläsern voller Köstlichkeiten, nicht nur Marmelade, auch eingelegte Gurken
und getrocknete Äpfel und Pilze in herrlich duftendem

Rosmarinöl. Hat alles das Grubenpony geschleppt, von hier nach dort. Dann füllt der Umräumer die Schubladen mit Etiketten in vielen nützlichen Größen, bunten Stiften und Schnüren in verschiedener Stärke. Violet kostet alles, bevor es in den Gläsern verschwindet, und macht eine lange Preisliste, auf der jede einzelne Köstlichkeit verzeichnet ist. Ein Tisch wird für die dicken Wälzer des Klugscheißers aufgestellt. Rotto ordnet seine Wollknäuel nach Farben und Fadenstärke und räumt sie ebenfalls in ein Regal. Es sieht alles sehr ordentlich aus. Sogar der Umräumer ist zufrieden. Am Ende malt er ein großes Schild und schreibt in seiner schönsten Schrift mit roter Farbe darauf: *Marmelade und andere lebenswichtige Dinge*.

Dann macht das Grubenpony die Räuberleiter für Rotto und der Umräumer passt *ganz* genau auf, dass das Schild nicht schief hängt. Das Gru hat glatt übersehen, dass es aufgehört hat zu regnen.

Es dauert nicht lang, da schaut der Ober von der Konditorei Schleckermaul herein. Besonders die Bücher haben es ihm angetan. »So eines könnte ich schon brauchen«, sagt er, und klopft mit seinem

Zeigefinger auf das allerdickste, ausgerechnet das Lieblingslexikon vom Klugscheißer. »Meine Frau fragt mich immer so schwierige Dinge, zum Beispiel, wie lange wir brauchen, wenn wir zu Fuß einmal um die Erde herumspazieren. Steht das da drin?«

»Durchaus«, meint der Klugscheißer, »darin finden Sie allerlei Wissens- und Lesenswertes.«

»Prima! Dann nehme ich das da gleich mit.«

Dem Klugscheißer verschlägt es kurz die Sprache, doch er findet seine Fassung wieder.

»Sie können das Werk gern hier studieren, aber ich kann Ihnen das Buch unmöglich aushändigen. Genehmigen Sie sich eine Tasse Kaffee in angenehmer, will sagen anheimelnder Atmosphäre, genießen Sie ein herrliches Marmeladenbrot und schmökern Sie währenddessen in den Büchern. Sozusagen im Preis inbegriffen.«

»Ja, sagen Sie, wo sind wir hier, in einer Bibliothek oder was? Atmosphäre! Unerhört! Kaffee trinken kann ich auch im Schleckermaul!«

Der Ober verlässt empört das Geschäft. Beinahe hätte er eine alte Dame umgerannt, die mit ihrem Mann hereinkommt, sich umschaut und mit energischem Schritt auf das Regal mit der Wolle zusteuert.

»Ich möchte rote und grüne und blaue Wolle für einen Pullover. Mein Mann ist den ganzen Tag im Freien und passt auf Autos und Parkplätze auf. Er

verkühlt sich immer bei diesem Wetter und braucht einen warmen, handge-strickten Pullover.«

»W-wie viel Wolle brauchen Sie?«, fragt Rotto und beäugt besorgt den großen Bauch des Fremden – ein stattlicher Mann. Rotto möchte seine Wolle für die Decke der Nacht behalten, für Violets geblümtes Stirnband und natürlich für Grus neue Ringelsocken. Besonders vom Blau kann er sich nicht recht trennen.

»Wissen Sie w-was«, meint er, »ko-kommen Sie doch morgen wieder, und denken Sie inzwischen darüber nach, welche Wolle Sie brauchen und w-wie viel«, und er schiebt die beiden mit einem freundlichen, aber sehr entschie-denen Lächeln vor die Tür.

Ein junges Mädchen betrachtet entzückt die Einmach-gläser. »Ach, das sieht alles wunderbar aus, w – u – n – d – e – r – b – a – r !« Sie seufzt genießerisch. »Ich kann mich gar nicht entscheiden, am besten, ich nehme von jeder Sorte eines, oder können Sie mir etwas empfehlen?« Violet studiert ganz unglücklich die Etiketten der Gläser, nimmt eines, stellt es wieder zurück, entscheidet sich für ein anderes.

»Wissen Sie, eigentlich wollen wir uns doch nicht von unseren Köstlichkeiten trennen!«

»Gut, dass alle weg sind«, meint das Grubenpony, »dieser Trubel! Das ist doch keine Gemütlichkeit. Das habe ich mir anders vorgestellt.«
Der Umräumer ist damit beschäftigt, die Gläser wieder zurechtzurücken und durchzuzählen. Diese Kunden! Bringen alles durcheinander! Glauben, sie können einfach alles mitnehmen!
Das Grubenpony hängt das Schild ab. Der Umräumer kredenzt gefüllte Weinblätter und ein Glas mit Überraschungsinhalt. Es ist doch viel schöner, mit seinen Freunden zu teilen, einfach so, nur zum Vergnügen.
Und niemand merkt, dass es wieder angefangen hat zu regnen.

7 Die Nachtsuppen-Geschichte,

in der es wirklich sehr finster ist und unbedingt ein Lied gesungen werden muss

Hinter dem hintersten Buch des obersten Regalbrettes knackst es. Schon wieder!

»Fraaaaanziiii!«, ruft Nori in die finstere Nacht.

Der hellste Stern am schwarzen Himmel zuckt zusammen und dreht sich zur Seite. Sonst regt sich nichts. Rein gar nichts. Enttäuscht zuckt Nori mit ihren Federachseln.

»Immer wenn man ihn braucht, ist er nicht zu finden«, grummelt sie, zupft an ihrem Flaumkleid und steigt enttäuscht vom Schemel.

»Pfff«, faucht dieser und bekommt Beine. Und ein Kopf wächst ihm auch! Der ganze Schemel verwandelt sich in Immerundewig, der ungehalten fragt: »Was soll der Krach? Obendrein mitten in der Nacht, wenn alle schlafen wollen?«

Nori grinst zufrieden und denkt: »Warum in die Ferne schweifen, wenn das Gute liegt so nah.«

Sie streicht ihren Rocksaum zurecht.

»Franzi, wenn du dich immer und ewig vor den Tatsachen der Welt versteckst ...«

»Wer versteckt sich?«, murrt er, »und was für Tatsachen?«

»Zum Beispiel, dass ich jetzt zu zweit sein will«, meint Nori, schüttelt Bauch und Schwanzfedern und setzt sich dann aufgeplustert auf ihr Sofa.

»Wenn man nicht allein ist, ist man gar nicht so einsam«, sagt sie zufrieden, aber so eine Logik hat Immerundewig noch nie verstanden.

»Warum kannst du mich nie in Ruhe lassen, wenn ich es brauche?«, ärgert er sich, aber so eine Einstellung hat Nori noch nie verstanden.

»Ich brauche dich jetzt«, sagt sie, »es ist so dunkel draußen.«

Immerundewig schaut hinauf, zum Himmel über Noris Blätterdach. Elegant gleitet ein Nachtschwärmer vorbei.

»Dunkler als sonst?« Immerundewig wirft einen zweifelnden Blick in die Nacht, dann zu Nori. Draußen ist noch einmal kurz der Nacht-schwärmer zu sehen.

»Viel dunkler!«, bestätigt sie und klammert sich an ein Buch mit wunderschönen Bildern. »Mitten in der Nacht« steht drauf und es ist schon völlig zerfleddert. Viel-

leicht von den Gespenstern, die darin herumgeistern?
Nori hält das Buch ganz fest.

»Es ist überhaupt die dunkelste Nacht seit Langem, schwarz, ohne Licht. Nicht einmal die Sterne können leuchten, weil so viel dunkle Suppe ausgeflossen ist.«

»Dunkle Suppe?«, staunt Immerundewig, »wo kommt denn die her?«

»Aus den Ritzen!«, stöhnt Nori und zeigt in alle Richtungen. Plötzlich kann Immerundewig überhaupt nichts mehr sehen.

»Und was kann man dagegen machen?«, flüstert er in Noris Federkleid hinein. Er ist ganz nah an sie herangerückt, wegen der dunklen Suppe. Wenn man nichts sieht, muss man eben spüren.

»Was kann man dagegen machen?«, wiederholt er.
Nori räuspert sich, wetzt auf ihren Schwanzfedern hin und her und macht dann eine Kunstpause. Das beeindruckt Franzi immer, das weiß Nori.

Dann flüstert auch sie: »Wir müssen gemeinsam ein Lied singen, aber nur leise – das hilft.«

»Meinst du?« Immerundewig zweifelt ein bisschen, aber für Nori würde er ohnehin alles machen.

»Welches Lied hilft am besten?«, will er wissen und Nori haucht kaum hörbar: »Zwei kleine Wölfe!«

Überrascht zieht Immerundewig seine zwischen vielen Runzeln versteckten Augenbrauen hoch.

»Ein Kanon? – Wer beginnt?« Aber er weiß jetzt schon, dass er anfangen soll. Murmelnd geht er die ersten Zeilen durch, sucht sich einen schönen Anfangston und beginnt zart hauchend zu singen.

»Zwei kleine Wölfe gehn des Nachts im Dunkeln,
man hört den einen zu dem andern munkeln,
warum gehn wir denn immer nur des Nachts herum?
Man tritt sich an den Wurzeln ja die Pfoten krumm …«

Nori hört so begeistert zu, dass sie in ihrer Hingabe den ersten Einsatz versäumt. Erst nachdem Immerundewig sie mit dem Ellbogen zwei Mal angestupst hat, stimmt Nori mit ein.

»Zwei kleine Wölfe gehn des Nachts im Dunkeln …«

Langsam werden die beiden Stimmen kräftiger und leichter, fröhlicher und lauter und sehr beschwingt.

Die schwarze Suppe zieht sich in ihre Ritzen zurück. Die Sterne beginnen wieder zu blinken. Das Schwarz der Nacht bekommt einen blauen Schimmer und die Tiefe der Unendlichkeit einen warmen Glanz. Dieser Glanz fängt sich in Noris Federkleid und spiegelt sich in ihrem zufriedenen Lächeln wider.

8 Die Geburtstags-Geschichte,
in der es darum geht, was man im Leben können muss,
und in der ein Kuchen verschwindet

»Ja, wo gibt's denn so was? Gestern
war er noch da!«
Der Umräumer schaut auf den Tisch,
unter den Tisch, in den Kühlschrank,
hinter den Kühlschrank, sogar ins
Backrohr schaut er.
»W-was suchst du denn?«, fragt Rotto
und legt sich schon mal auf den
Bauch, damit er das Vermisste eventuell
schneller entdecken kann.
»Gar nichts«, flüstert der Umräumer, weil Aua noch
schläft, und der hat heute Geburtstag. Müde schlurft Violet daher und stolpert beinahe über Rottos Bömmelschwanz.
»Entschuldigung«, murmeln sie beide gleichzeitig, Rotto
zerknirscht, Violet plötzlich hellwach. »Bitte schön, wer
hat unseren kunstvoll verzierten Geburtstagskuchen
stibitzt?«, fragt der Umräumer noch einmal leise,
aber streng. Die halbe Nacht haben sie gemeinsam

gebacken und gewerkelt. Und jetzt das.
Violet bekommt verdächtig rote Ohren
und hustet verlegen.

»Also?«, die Stimme vom Umräumer
klingt scharf.

»Ich wollte doch nur, ich habe doch
bloß …«

»Was?!«

»Ich meine, ich habe mit dem Finger ein kleines
bisschen …«

»Klein? Bisschen? Wo ist der Geburtstagskuchen?« Das ist
beinahe schon gebrüllt.

Violet zieht den Kopf ein, ihre Lider flattern vor Nervosi-
tät, sie sind rosa und leicht durchscheinend und bilden
einen hübschen Kontrast zu ihren lavendelblauen Augen.

»Es tut mir so leid, ich wollte doch nur kosten, dieser
Duft, verstehst du, es hätte mich umgebracht, wenn ich
nicht ein …«

»Papperlapapp, kann man von dir nicht ein Mal ein wenig
Beherrschung verlangen?«

Der Umräumer ist
fassungslos.

»Was machen wir jetzt bloß? Vorbei ist es mit der Geburts-
tagsüberraschung für Aua!«
Violet ist verzweifelt. Sie steigt von einem Fuß auf den
anderen und wieder zurück. Seufzt schuldbewusst. Endlich hat sie eine rettende Idee: »Ich weiß, was wir machen,
ich lade uns alle ein, in die Konditorei Schleckermaul.«

Die Konditorei ist schrecklich vornehm, der Ober trägt
eine schwarze Fliege und die Serviererinnen haben kleine
weiße Spitzenschürzen. In den Vitrinen türmen sich die
Köstlichkeiten, auf den Tischen stehen goldene Kärtchen
mit verschnörkelter Schrift. Plötzlich schluchzt Violet auf.
»Na, na«, beschwichtigt der Umräumer, »ist ja schon gut.«
»Es ist mir so peinlich!« Violet weint so herzzerreißend,
dass alle an den Nachbartischen neugierig zu ihnen her-
überschielen.
»Alles vergessen und vergeben«, zwitschert Aua. Er ist vor
allem deshalb begeistert, weil Violet ihm versprochen hat,
zur Feier des Tages nach dem Konditoreibesuch noch
Armer-schwarzer-Kater zu spielen.
»Na! Jetzt reicht es aber!«, meint der Umräumer, und
Rotto bestätigt das mit einem deutlichen Wackeln seines
Ohrs.
»Ich weine doch nicht mehr wegen dem Kuuuuuuuhhhh«,
Rotto reicht ihr ein Schnäuztuch, »ich weine, weil ich
mich schäme.«

»Da hast du auch recht. Man isst nicht einfach weg, was einem nicht gehört. Aber jetzt ist genug geschämt, such dir etwas Feines auf der Karte aus und beruhige dich!«

»Apropos Karte«, flüstert Violet verzweifelt, »ich kann nicht lesen!«

Alle blicken konzentriert vor sich auf die Teller, die noch gar nicht dastehen.

»An-al-pha-be-tis-mus«, der Klugscheißer betont jede Silbe, »das bedeutet die Unfähigkeit, zu lesen und zu schreiben. Das ist allerdings ein bedauerliches, will sagen ein höchst beklagenswertes Schicksal.«

»Beklagenswert, beklagenswert! Unfug! Man muss nicht alles können wollen«, brummt der Umräumer energisch, »wichtig ist, man hat das Herz am rechten Fleck und ein wenig Ordnung im Haus. So kommt man schon durchs Leben. Basta!«

»Mit Verlaub, so einfach ist die Sache nicht«, meint der Klugscheißer wieder, »es ist wichtig, des Lesens und Schreibens kundig zu sein. Denk doch nur an Landkarten und Telefonbücher, Verkehrsschilder und Einschlafgedichte. Lesen ist eine Fähigkeit von enormer Bedeutung.«

»Und schwimmen«, meint Aua, »in jedem Fall schwimmen.«

Der Umräumer ist heute schon ziemlich genervt.

»Herr Ober, Herr Ober!«

Der Ober eilt herbei, in der Hand einen Block, um endlich die Bestellung aufzunehmen.

»Herr Ober, was würden Sie sagen, ist das Wichtigste, was man können muss im Leben?«

Der Ober überlegt einen Augenblick, kratzt sich währenddessen elegant mit der rechten Schuhspitze an der linken Wade, und antwortet dann: »Pfeifen, ja, ich würde sagen, Pfeifen. Ich habe seinerzeit meine Frau mit einem gepfiffenen Liedchen betört«, er spitzt die Lippen zu einer fröhlichen kleinen Melodie. »Sie war hin und weg, ja, was soll ich sagen, hin und weg war sie!« Er schaut ganz verzückt und gräbt in seiner Brusttasche nach einem Foto, das er freudig herumreicht. Dann drückt er einen schmatzenden Kuss darauf und steckt es wieder weg. »Wir sind inzwischen dreißig Jahre verheiratet; haben die Herrschaften schon gewählt?«

Danach sitzt Violet im Garten und lernt. Lesen ist eine komplizierte Angelegenheit. Zuerst will der Klugscheißer sich um Violet kümmern, aber das ist eine Katastrophe!! So viele komplizierte Wörter. Nori ist zu ungeduldig und Immerundewig sieht schon ein bisschen schlecht. Das

Grubenpony fragt keiner. Bleibt nur noch Aua. Bei dem ist es noch nicht so lange her mit der Schule, der wird sich doch wohl erinnern können.

Am Anfang muss sich Violet ordentlich plagen. Aber auch die Nachbarschaft hilft mit und bringt Speisekarten. Vom Bahnhofsbistro, vom eleganten Café-Restaurant am Hauptplatz, vom Hotel »Zum goldenen Adler«. Diese Bilder! Kuchen mit Krokant-Karamell-Kruste. Striezel mit Streusel. Diese Süßspeisen! Wie soll man sich da bloß konzentrieren?

Der erste Buchstabe, den Violet schreiben und lesen kann, ist das »A« wie zum Beispiel in Ananas. Tropentraum mit Ananas- und Bananeneis. Das muss doch wirklich köstlich erfrischend sein!

Violet studiert den Eisbecher mit seinen aufgetürmten Kugeln und dem darauf thronenden Schirmchen. Sie fühlt, wie das kühle Fruchteis auf der Zunge zergeht. »Apropos Ananas«, meint sie, »da gibt es doch diese köstlichen Ananas-Erdbeeren, mmmh, Erdbeermarmeladenbrot kommt gleich nach Hagebuttenmarmeladenbrot. Eigentlich fast noch besser als Eis. Vielleicht machen wir eine Pause und essen eine Kleinigkeit?«

»Machen wir doch lieber was ganz anderes«, lockt Aua schelmisch, »wie wäre es mit einer Runde Armer-schwarzer-Kater«?

»Vielleicht später«, sagt Violet und kann die Augen nicht von den bunten Bildern lösen.

»Zuerst brauche ich aber unbedingt eine Stärkung, willst du lieber Marmelade oder Honig aufs Brot?«

9 Die Banaba-Geschichte,
in der ein Brief von weit her kommt und schon wieder viele Brote gegessen werden

Der Umräumer sucht gerade in der Abstellkammer nach einem Glas Zwetschken-Zimt-Nuss-Marmelade und alle drängen sich um den Frühstückstisch, als es klopft. Wer kann das bloß sein, in aller Frühe? Ohne abzuwarten, steckt der Briefträger den Kopf zur Tür herein, erstens, weil er neugierig ist, und zweitens, weil er hofft, dass er auch ein Marmeladenbrot bekommt. Drittens ist der Briefträger seit fünf Uhr früh auf den Beinen. Der Brief-träger denkt gern in erstens – zweitens – drittens – und so weiter, das macht so schön Ordnung im Hirn. Er wischt

sich die verschwitzte Stirn mit seinem Sacktuch und quetscht sich zu Violet auf die Bank.

Alle schauen neugierig auf den Brief.

Hoffentlich ist er nicht von der Hausbe-sitzerswitwe. Von ihr bekommen sie nämlich des Öfteren Post. Seit der Hausbesitzer verstorben ist, gibt es jedes halbe Jahr einen Brief mit einem Anliegen. Zum Beispiel:

Die Bewohner sollen doch bitte ihre Fensterläden in einer etwas dunkleren Farbe übermalen, denn das strahlende Gelb könne eventuell Bienen und Hornissen anlocken und gefährde somit die Nachbarschaft. Oder: Die Bewohner sollen bei offenen Fenstern nicht so laut lachen, das beunruhige die Nachbarschaft. Und überhaupt: Sie sollen sich doch bitte nicht so viel im Garten aufhalten, sondern mehr im Inneren wohnen. Dabei verstehen sie sich blendend mit ihren Nachbarn.

Aber dieser Brief ist von ganz weit her. Das sieht der Klugscheißer gleich an der Marke: Banaba. Und selbstverständlich weiß er auch sofort, dass das eine Insel der polynesischen Kiribati-Gruppe ist, »östlich von Australien im Pazifischen Ozean gelegen«, fügt er hinzu, und natürlich muss er das gleich allen im Atlas zeigen, wo sie doch schon so darauf brennen, den Brief endlich aufzumachen.

Nachdem sie eine Weile mit den Fingern kreuz und quer auf der Landkarte herumgekurvt sind und sämtliche polynesische Inseln abgeklappert haben, Tarava und Tuvalu und Tokelau, öffnet Violet endlich den Brief. Sie darf vorlesen, weil sie jede Gelegenheit zum Üben nutzen muss. »Meine Lieben, ihr lasst euch wahrscheinlich gerade euer Frühstück schmecken«, beginnt Violet und stutzt – bitte, woher weiß das der Briefschreiber bloß? »… euer Frühstück schmecken, und das ist gut so«, fährt Violet fort.

Hier ist Banaba.

»Wie ihr seht, bin ich inzwischen ganz schön weit weg von euch. Ich wollte euch nur mitteilen, dass ich endlich Knöpfeln gelernt habe.« Violet hustet und verbessert dann: »Köpfeln gelernt habe. Ich musste mich ziemlich überwinden, aber es hat sich ausgezahlt. Ehrlich gesagt, bin ich schon ein bisschen riesenkrank und freue mich aufs Heimkommen.«

»Ich nehme an, reisekrank«, verbessert der Klugscheißer.

»Ja genau«, wiederholt Violet, »ich bin schon ein bisschen reisekrank und freue mich aufs Heimkommen. Aber zuvor muss ich noch kurz ans Ende der Welt. Aua, hör auf, an deinen Pflastern zu kletzeln!«

Erschrocken lässt Aua die Pfote fallen.

»Ich umarme euch alle, vergesst mich nicht und passt auf die Decke der Nacht auf. Ich freue mich auf ein baldiges Wiedersehen: euer Reisender.«

Aufgeregt schnattern alle durcheinander. »Der Reisende! Banaba! Köpfeln!! Die Decke der Nacht!«

»Apropos«, meint Violet schließlich, während sie sich das fünfte Brot dick mit Butter bestreicht, »apropos – war da nicht zuletzt ein großer Fleck auf der Decke der Nacht?«

10 Die Wiwine-Geschichte,

in der es ein schwieriges Problem gibt und Violet eine einfache Lösung weiß

»Wir haben ein Problem. Um ehrlich zu sein, es ist sogar eine Katastrophe.«

Violet schüttelt ungläubig den Kopf und mustert die Decke der Nacht mit kritischem Blick.

»Katastrophe!«, schreit der Klugscheißer, »das bedeutet ein Unglück mit großen, will sagen entsetzlichen Folgen.« Aber natürlich will es keiner gewesen sein, niemand ist schuld. Rotto nicht, Aua nicht und Immerundewig schon gar nicht. Tatsache ist, dass die Decke der Nacht fürchterlich aussieht. Sie hat beunruhigend große Flecken, gar nicht zu reden vom Geruch. Violet rümpft ihre zarte Nase. Aber auch sie weiß nicht, wie das passiert sein kann.

Nicht auszudenken, was passiert, wenn der Reisende dahinterkommt. Schließlich hat er Rotto eigenhändig das Stricken beigebracht und ihm einen Berg ganz einmaliger Wolle überlassen.

Was jetzt? Immerundewig schlägt vor, auf den Reisenden zu warten. Der ist ja Spezialist für Wolle. Aua will die Flecken mit der Schere rausschneiden, Violet ist davon überzeugt, dass man die Decke nur in der Badewanne einweichen muss. Ein bisschen von ihrem Spezial-Alles-Reiniger und die Decke ist wieder wie neu. Rotto ist fassungslos.

»So g-geht das nicht! Kommt nicht infrage!«, ruft er und zupft verzweifelt die Fäden aus seinem kaputten Ohr.

Aua denkt an die gelben Butterblumen auf dem nachtblauen Grund, ohne die er nicht einschlafen kann, und fängt gleich an zu weinen. »Was ist, wenn die Decke nie wieder wird wie …?«

»Ach was, das kriegen wir schon hin«, meint der Umräumer energisch. Er hat nie verstanden, was es mit diesem Wunderding auf sich hat. Allein wie leicht diese Decke ist. Und wie klein man sie zusammenlegen kann.

Und dennoch hat immer alles unter ihr Platz gefunden.

»Das kriegen wir schon hin«, wiederholt Rotto, »schließlich haben wir im Ort eine Extra-Spezial-Reinigung für Sonderfälle. Als dem Wiesel die Frau abhandenkam, und er über

Nacht grau wurde, ist er dort bestens bedient worden. Fühlte sich wieder wie neu und sah blendend aus. Im Handumdrehen.«

Rotto seufzt, stopft die Decke der Nacht verzagt in seine Hosentasche und macht sich auf den Weg. Er läuft ängstlich durch die Gassen, schon von Weitem sieht er ein großes Schild: *Hudriwusch*. Das klingt nicht besonders vertrauenerweckend. Rotto fasst sich ein Herz – immerhin ist das ein Notfall! Im Geschäft ist weit und breit niemand zu sehen. Er klopft zaghaft mit der Hand auf die Klingel an der Theke.

»Komm ja schon, komm ja schon«, grummelt es im Hintergrund. Kurz darauf erscheint ein borstiges Riesenvieh mit ramponierter Brille, am Bügel mit einem Pflaster geklebt.

»Zu Ihren Diensten, Hudriwusch – erledigt hurtig dringende Wäsche- und Schönheitsangelegenheiten. Benötigen Sie eine goldene Lockenpracht, wollen Sie Ihre Liebste mit hinreißenden Beißerchen überraschen oder Ihr Heim verschönern? Möchten Sie, dass im Winter Blumen auf Ihrem Rasen grasen, oder hätten Sie gerne Sterne an

Ein Meisterwerk!

Ihrer Zimmerdecke? Alles ist möglich! Was kann ich für Sie tun?«

»W-wir haben ein Pro-problem«, antwortet Rotto und zieht umständlich die riesige Decke aus seiner Hosentasche, »um ehrlich zu sein, es ist sogar eine Katastrophe. Wenn diese stinkenden Flecken nicht aus der Decke verschwinden, dann rümpft unsere Violet nicht nur ihre feine N-nase, sondern t-tut auch kein Auge zu. Und Aua weint die ganze Nacht, weil er ohne seine B-butterblumen nicht einschlafen kann. W-was glauben Sie, wie unsere Nächte dann ausschauen werden?!«

»Verstehe!«, murmelt der Hudriwusch und rückt seine Brille zurecht. Er befingert die Decke der Nacht, knetet die Maschen zwischen seinen etwas groben Klauen, riecht am dunkelsten Fleck und murmelt dazwischen immer wieder ein bewunderndes: »Ein Meisterwerk! Aber in einem beklagenswerten Zustand.«

»Eben«, erwidert Rotto, »w-was machen wir jetzt b-bloß? S-sie müssen uns unbedingt helfen, es ist zum V-verzweifeln! So sagen Sie doch endlich was!!«

»Ich empfehle eine Behandlung mit Wiwine«, verkündet der Hudriwusch mit Nachdruck.

Rotto stutzt. Er ist misstrauisch. Wiwine? Das ist doch der Spezial-Alles-Reiniger von Didu: **Wieder-wie-neu**. Dann denkt er an das Wiesel und beruhigt sich ein wenig.

»Können S-sie mir garantieren, dass …«

»Aber, werter Herr, wir arbeiten seit Jahren mit diesem Mittel und erzielen sehr gute Erfolge damit, auch in sehr hartnäckigen Fällen.«

»S-so, so, Wiwine«, grummelt Rotto erleichtert, »und am besten in der B-badewanne, stimmt's?«

»Wo sonst?«, fragt der Hudriwusch verwundert, aber da sieht er nur mehr den Hasen in rasendem Tempo davoneilen.

11 Die Herzens-Geschichte,
in der eine feine Nase gebraucht wird und eine entzückende kleine Melodie erklingt

»Ich halte es nicht mehr aus!« Das Grubenpony bleibt ächzend und schnaufend stehen. »Ich muss dir mein Herz ausschütten!« Ohne auf eine Antwort zu warten, schüttet das Grubenpony vor

Immerundewig sein Herz aus. Mitten auf der Straße. Mitten auf die Straße kugeln durcheinandergebrachte Erinnerungen, verirrte Eilsendungen und Freundeswünsche, Augenblicke der Sehnsucht, drei Mal Schluckauf und ein paar verstaubte Tränen.

»Was machst du da?«, schreit Immerundewig. »Mitten auf der Straße? Wie sollen wir das je wieder aufräumen?« Er ist verzweifelt.

»Weiß ich eben auch nicht«, sagt das Grubenpony traurig, »deshalb bin ich ja zu dir gekommen. Du hast doch fast immer eine Idee!«

Die beiden sitzen am Straßenrand und starren ratlos auf das, was sich da so angesammelt hat.

»Warum fragen wir nicht den Klugscheißer?«, meint Immerundewig, »vielleicht fällt dem etwas ein?«

Aber da kommt schon der Umräumer um die Kurve, schlägt seine Zangen über dem Kopf zusammen und ruft entsetzt: »Was ist denn das für ein Gerümpel! Wir müssen schleunigst aufräumen! So geht das nicht. Die Straße ist für alle da. Stellt euch vor, es kommen Spaziergänger! Oder noch schlimmer, ein Feuerwehrauto!«

Das Gru schluckt. »Das ist kein Gerümpel!«, meint es verschnupft und umarmt seine Lore, »ich habe mein Innerstes nach außen gekehrt! Ich habe …«

»Verstehe«, meint der Umräumer ungerührt, »verspäteter Frühjahrsputz!«

Er ist wirklich kein Fachmann für Herzensangelegenheiten. Aber erstklassig im Ordnen. Er reiht alles der Größe nach nebeneinander auf. Dadurch wird es allerdings auch nicht besser.

92

Noch während die drei diskutieren, taucht ein wohlbekanntes Gesicht hinter der Hügelkuppe auf. Die Augen geschlossen, immer der Nase nach, steuert Violet direkt auf die Bescherung zu. Fast stolpert sie über eine Eilsendung, dann stellt sie den Korb ab und tätschelt dem Grubenpony den Hals. »Herzensangelegenheiten, was? Keine Bange! Zuerst müssen wir überlegen, was du nicht mehr brauchst.«

Das Gru denkt angestrengt nach.

»Das und das und das«, sagt es schließlich und zieht ein paar Dinge aus der bunten Sammlung, die der Umräumer so schön geordnet hat. Bewegt nimmt das Gru die Umschläge mit den Eselsohren, eine kleine bemalte Holzkiste und einige Stempel.

»Sehr gut!«, lobt Violet und legt die Sachen auf die Seite. »Dann müssen wir klären …«

»Halt! Halt!«, unterbricht das Grubenpony, »was passiert damit?«

»Ich denke, du willst das nicht mehr. Alles andere kann dir doch egal sein!«

»So ist das nicht! Ich möchte schon wissen, was damit passiert.«

»So funktioniert das leider nicht«, meint Violet, »wenn man etwas aus seinem

Herzen entlässt, muss man es auch wirklich loslassen –
ganz egal, was dann damit geschieht.«

»Schon«, sagt das Pony voll Reue, »aber die bemalte Holzkiste, die ist mir nun wirklich sehr ans Herz gewachsen.
Sie spielt eine entzückende kleine Melodie, wenn man
hinten an der Kurbel dreht.«

Zerknirscht hebt das Gru sein Kistchen auf, bläst sorg-
fältig den Staub vom Deckel und beginnt behutsam an
der Kurbel zu drehen. Mit glänzenden Augen lauscht es
der Musik.

»Na gut«, sagt Violet und beginnt damit, die Stempel
wegzuräumen.

»Oh, das geht auf keinen Fall!«, protestiert das
Grubenpony, »vielleicht brauche ich die noch,
wenn ich dem Reisenden dringend eine Post-
karte schicken muss.«

»In Ordnung!«, seufzt Violet und bückt sich nach einem
kleinen Stein.

»Den muss ich dringend behalten!«, flüstert das Grubenpony mit sehnsuchtsvollem Blick, »er ist eine Erinnerung
an einen sehr schönen Ausflug, weißt du?«

»Verstehe! Und was ist damit?«

Violet zeigt mit der Spitze ihres türkisen Stöckelschuhs
auf einige zerknitterte Umschläge,
die der Wind bereits auseinander-
getragen hat.

»Mhhh«, meint das Gru, hält einen an seine Nase und schnüffelt hingebungsvoll daran.

»Riecht nach Flieder. Was für ein herrlicher Geruch! Erinnert mich an meine erste Liebe. Ein Prachtpony, kann ich dir sagen!« Und das Gru bekommt schon wieder feuchte Augen.

Violet fragt gar nicht mehr weiter. Schnaufend sammelt sie alles ein, mit den vielen Broten und den guten Marmeladen vom Umräumer im Bauch ist das Bücken gar nicht so leicht. Stück für Stück gibt sie dem Gru zurück, was noch auf der Straße herumliegt.

»Das ist wirklich sehr liebenswürdig von dir!« Die Stimme des Ponys ist vor Rührung ein wenig heiser. Es steigt verlegen auf seinen drei Beinen hin und her.

»Ich war wohl ein bisschen voreilig.« Es räuspert sich kurz. »Vielen Dank! Ähm – ich sollte dringend – ihr wisst ja, die Wäsche, der Rasen …«

Das Gru hoppelt eilig mit seiner Lore im Schlepptau davon und lässt die anderen auf der Straße stehen.

Der Umräumer verliert vor Überraschung beinahe seinen ausgefahrenen Saugrüssel. Geschäftig holt er seine Werkzeuge ein und zählt noch einmal nach, ob wirklich alles da ist. Violet hüstelt, zieht ihren geblümten Schal fester um den Hals und wirft einen besorgten Blick auf die tief stehende Sonne.

»Apropos«, bemerkt sie, während sie ihren Korb nimmt, »das Abendessen wartet darauf, gekocht zu werden!« Immerundewig reibt seine Nase, weil der grüne Punkt jetzt zu leuchten beginnt. Er seufzt und macht sich auf den Weg zur Bibliothek, um Nori alles zu erzählen.

12 Die Schloss-Geschichte,
in der Nori mit nichts zufrieden ist und dann doch ein Sofa umstellt

»Ich brauche ein Haus«, stöhnt Nori, »ein neues.«

»Jeeeetzt? Gleeeiiich?« Immerundewig schüttelt den Kopf und gähnt. Stockfinstere Nacht und dann diese Riesenaufgaben. Er blinzelt in die Blätterkrone von Noris Bibliothek, graue Nebelfetzen verdecken die Sterne.

Nori plustert sich auf. »Du hast leicht reden, mit deinem mobilen Wohnheim!«

Eifersüchtig streift ihr Blick Immerundewigs Zuhause, in dem ein paar Lichter in offenen Fenstern leuchten. Ihre Brauenfederchen sind gesträubt und ihr Federkleid etwas in Unordnung. Aufgebracht stapft sie hin und her. »Ich brauche ein Haus!«

Das ist zu viel. Immerundewig zieht seinen Kopf ein. Und auch den Rest. Wenn's sein muss, ist seine Wohnung nicht nur mobil, sondern auch gepanzert.

Was für ein Haus möchtest du denn gern?

4b
Lesachtaler Hof

Mächtiger mehrgeschoßiger Hof, in ge-
mischter Stein- und Blockbauweise. Oft bis
unter die Traufe verputzt und mitunter noch
Spuren einer Bemalung

Aber keine Chance. Tocktocktock, klopft Nori ungehalten auf Immerundewigs Rücken: »Raus da, nur keine Müdigkeit vorschützen!«

Immerundewig gibt nach. Bedächtig streckt er seinen Kopf heraus.

»Was für ein Haus möchtest du denn gern?«

»Wenn ich das nur wüsste!« Nori ist außer sich.

Zum Glück weiß Immerundewig fast immer Rat. Zum Beispiel jetzt: »Sollen wir die Bücher fragen? Und nachschauen, was es so gibt?«

»Gut, dass ich ihn geweckt habe«, denkt Nori zufrieden und schiebt einen Stapel vor Immerundewigs Nase mit dem grünen Punkt, der zu leuchten beginnt.

Onkel Toms Hütte steht auf dem obersten Buch.

»Wie wär's damit?«, fragt Immerundewig.

»Nein, zu viel Arbeit, zu viel Hitze, gibt's da ein Sofa drin?« Nori schüttelt heftig den Kopf.

»Aber gastfreundlich wäre es«, murmelt Immerundewig und streicht liebevoll über den Umschlag. Dann schaut er das nächste Buch an. »*Das Haus der zwei Stanisläuse*. Wie wär's damit?«

»Zu viele Bewohner«, wehrt Nori ab, »schließlich sind es drei Stanisläuse und nicht zwei. Und alle haben auch noch Frauen! Nein, zu viele Bewohner und zu wenig Platz.«

Mit gerunzelter Stirn zieht Immerundewig das nächste Buch aus dem Stapel. *Grimms Kinder- und Hausmärchen*

heißt es und ist eins seiner Lieblings-
bücher.

»Darin finden wir sicher was für dich,
meinst du nicht?« Er schlägt das Buch an
irgendeiner Stelle auf und liest: *Der Herr Korbes*.
»Um Himmels willen!«, ruft Nori entsetzt, »der wird doch
in seinem eigenen Haus unter seiner eigenen Tür erschla-
gen! So ein Haus will ich auf gar keinen Fall.«
»Wie wär's mit einem Schloss?«, schlägt Immerundewig
zögernd vor. Manchen kann man wirklich nichts recht

machen. »Was hältst du vom Dornröschen-
schloss?«

»Meinst du, ich will jahrhundertelang schlafen?«,
empört sich Nori und wackelt heftig mit ihren
Schwanzfedern. »Zeitverschwendung! Wenigs-
tens lesen möchte ich, bis so ein Prinz daher-
kommt.«
Immerundewig seufzt und blättert weiter.
»Wie wär's mit dem Waldhaus? Kennst du das?«
»Wo schön Hühnchen, schön Hähnchen und die bunte
Kuh wohnen? Sicher kenn ich das.«
Nori überlegt. Das Waldhaus verwandelt sich in ein
Schloss, nachdem schön Hühnchen, schön Hähnchen
und die bunte Kuh gefüttert sind. Klingt nicht übel, so
ein Schloss. Aber ganz ohne Bücher möchte Nori doch
nicht wohnen. Und zuhause hat sie so viele und die will

sie auf keinen Fall aufgeben. Nicht für ein Schloss und nicht für einen Wald und überhaupt für nichts auf der Welt.

Sie zupft an ihrem Federsaum, streicht über ihre Augenbrauen und stemmt dann die Flügel in die Hüften.

»Was hältst du davon«, fragt sie ganz bedächtig, »wenn wir einfach das Sofa umstellen? Das ist fast wie ein neues Zuhause.«

So schnell kann Immerundewig gar nicht antworten, da springt Nori schon auf, schiebt den Bücherstapel an die Regalwand und holt aus einem Winkel eine Decke hervor. Die breitet sie über alles drüber, dick, weich und einladend. Im nächsten Augenblick sitzt sie darauf.

Franzis Mundwinkel biegen sich nach unten.

»Egal, was ich tu, nichts passt dir!« Am liebsten würde er sich sofort in sein mobiles Haus zurückziehen, aber da klopft Nori mit der Flügelspitze auf den gemütlichen Platz neben sich und ruft zufrieden: »Hier gefällt es mir! Komm her, Franzi, und lies mir das Märchen vom Waldhaus vor.«

13 Die Sehnsuchts-Geschichte,
in der von kleinen und großen Wünschen die Rede ist
und das Gru zu spät zum Essen kommt

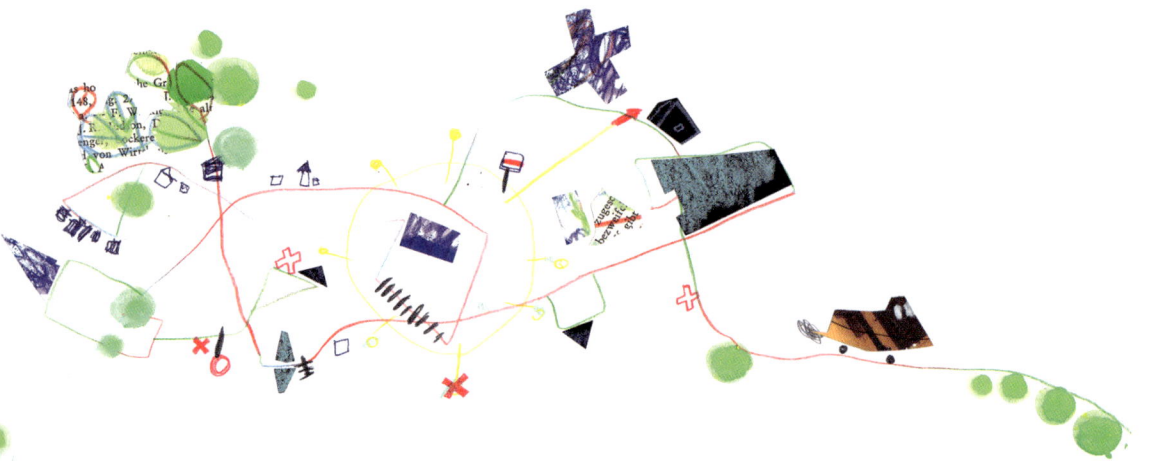

»Weißt du, Nori, wie ich mich fühle?«
Immerundewig schaukelt verzückt mit dem Kopf und
schaut hinauf in den Himmel.
»Kannst du dir vorstellen, wie das ist, wenn einen so
richtig die Sehnsucht packt?«
»Sehnsucht? Was denn für eine Sehnsucht, du bist doch
sonst immer so fürs Praktische!«, meint Nori
und sträubt ungläubig ihr Gefieder.
»Immer eben nicht, kennst du dieses
merkwürdige Ziehen im Magen?

Dieses bange Gefühl, wie ein Wünschen nach etwas, das dich ganz leicht macht? So, als könnte es dich davontragen wie auf Flügeln? Aber du hast ja Flügel, du musst dir das nicht vorstellen, oder?«

»Na, hast du so etwas schon gehört!« Nori ist außer sich. »Was soll das schon wieder? Es gibt eben Geschöpfe, die fliegen, und Geschöpfe, die gehen. So ist das Leben, da sollte man nicht eingreifen.«

»Findest du das vielleicht gerecht?« Immerundewig schaut träumerisch, aber auch ein bisschen beleidigt in Richtung Horizont.

»Es gibt auch welche, die schwimmen«, meint der Klugscheißer von oben herab, »und das sind nicht zu wenige, Fische und Quallen und …«

»Also, ich kann das verstehen, ich meine diese Sehnsucht«, flüstert das Grubenpony verträumt und hebt den Vorderhuf Richtung Brust. »Ich spüre es hier, nein, ein bisschen weiter unten, da, ja, es tut ein bisschen weh, aber es ist auch ein angenehmes Gefühl.«

»Wie eine schöne Melodie auf der Geige?«, flüstert Immerundewig verzückt und beginnt zu singen.

»Was machst du, wenn du dieses Gefühl spürst?«

Das Grubenpony denkt angestrengt nach: »Ich mache schnell etwas Nützliches, ich grabe den Garten um oder ich ernte die Stachelbeeren oder ich repariere den Gartenzaun oder …«

Was ist mit mir? Schließlich habe auch ich Träume.

»Und dann?«

»Na dann vergeht es wie von selbst.«

»Was? Aber dann ist das Gefühl doch weg? Was hast
du denn dann davon? Möchtest du es denn gar nicht
auskosten?«

Nori unterbricht die beiden empört: »Meint ihr etwa,
ich bin immer zufrieden? Ich habe auch meine Träume,
durchaus!«, und sie plustert sich wichtigtuerisch auf.
»Wollt ihr denn nicht wissen, wovon ich träume?«

»Durchaus, durchaus«, beeilt sich das Grubenpony zu
bemerken, »von fernen Ländern vielleicht? Von rauschen-
den Nächten?«

»Ich bitte dich!« Nori winkt energisch ab.
»Lächerlich! Absolut lächerlich! Ich träume von
einem sicheren Ort. Immerundewig hat leicht
reden. Er hat sein Haus. Aber ich? Wohin kann ich
mich zurückziehen, ohne dass ich Angst haben muss, dass
der wilde Nachtwind mich vom Ast fegt? Ein Haus stelle
ich mir himmlisch vor. Sicher und ruhig. Und nur wenn
es mir gefällt, komme ich heraus.«
»Das stimmt«, gibt Immerundewig kleinlaut zu, »mein
Haus ist ziemlich praktisch, aber kann ich etwas dafür?«
»Nein, aber ist das vielleicht gerecht?«
Stimmt, was ist schon gerecht? Das Grubenpony hat
gestern den ganzen Tag Bücher geschleppt und
doch hat Rotto die größte Portion Milchreis mit
Rosinen bekommen.
»Mmmh, Milchreis!« Das Grubenpony macht
einen verrückten Hopser in die Luft. »Sind
wir nicht alle zum Abendessen eingeladen?«
Stimmt, Abendessen, aber vorher wollen sie noch
wissen, wovon das Grubenpony träumt.
»Das ist einfach«, murmelt es fast andächtig, »ich
wünsche mir manchmal ganz dringend, dass der Reisende
zurückkommt. Oft habe ich das Gefühl, er steht ganz
dicht hinter mir und ich kann seinen Atem spüren.«
»Und du, Klugscheißer?«, schreien alle
hinauf zum Dach.

»Oh«, meint der ganz verlegen. »In der Regel zerbreche
ich mir den Kopf über ganz andere Dinge und hatte noch
nicht das Vergnügen, darüber nachzudenken, was …«
»Sag schon, sag schon!«, bedrängen ihn die anderen.
Er seufzt.
»Gedanken in die Decke der Nacht einzuweben, so
prachtvoll, so unnachahmlich, wie es unserem Freund
Rotto gelingt, dazu wäre ich gern in der Lage. Leider
muss ich anmerken, dass ich fürchte, handwerklich
keineswegs begabt zu sein.«
»Aber mein Lieber«, meint Nori großzügig, »du bist so
außerordentlich klug, das ist sehr wichtig für uns alle.«
Der Klugscheißer kratzt sich verlegen hinterm Ohr.
»Fragen wir auch die anderen beim Essen nach ihren
Träumen?«, meint Immerundewig.
»Gute Idee!«, antwortet das Grubenpony, »geh schon mal
voraus, ich räume noch schnell das
Werkzeug in den Schuppen.«

î4 Die Sommernachts-Geschichte,
in der die Decke der Nacht dringend gebraucht wird und noch immer niemand Armer-schwarzer-Kater spielen will

Rotto sitzt strickend auf seinem Bömmelschwanz, Aua auf seinem schwarzen Kater. Violet hat für sich und den Umräumer eine geblümte Decke ausgebreitet, Immerundewig liebt es, das Gras zu spüren, und Nori hockt auf dem nächsten Ast. Sogar das Grubenpony hechelt im letzten Moment mit seiner Lore zur großen Wiese am Fluss, wo sich alle zum Picknick versammelt haben.

Sie essen Butterbrote mit Schnittlauch und trinken Holundersaft. Mit vollen Bäuchen singen sie Lieder von verrückten Hühnern und erzählen einander Geschichten von verwunschenen Almen, siebenköpfigen Drachen und ängstlichen Räuberhaupt-männern. Plötzlich ist es stockfinster. In den müden Köpfen vermischt sich alles zu siebenköpfigen

Hühnern und verrückten Almen und verwunschenen
Räubern und ängstlichen Drachen.
»Genug jetzt!«, meint Violet energisch, »Zeit zum
Schlafen!«
»G-gute Nacht!«, murmelt Rotto und schmiegt sich an
Violets geblümten Schal. Das Essen im Bauch wärmt
und die Geschichten im Kopf gehen eigene Wege.
Weil die Nacht wunderbar lau ist, legen sich alle ins Gras,
schauen noch einen halbverträumten Moment hinauf in
den Sternenhimmel und schon sind sie eingeschlafen.
»Aaaah«, beginnt Aua mitten in der Nacht plötzlich zu
stöhnen und zu jammern. Rotto schüttelt ihn unsanft am
Arm, »He du, hallo, w-was ist los?«
Aua schaut verwirrt um sich. »Keine Ahnung, wahrschein-
lich habe ich schlecht geträumt!« Er kratzt sich an seinem
Kopfverband.
»Geträumt? Wovon?« Jetzt ist auch Immerundewig wach.
»Ich kann mich nicht erinnern«, Aua schnieft, »aber es war
schrecklich!«
»W-woher willst du wissen, dass es schrecklich war, wenn
du dich nicht erinnern k-kannst? Du hast wahrscheinlich
einfach nur zu viel g-gegessen! Schlaf weiter, w-wir sind
alle müde!«
Rotto macht die Augen wieder zu.
»Aua! Das juckt! Es hat mich was gestochen! Ein Pflaster!
Ich brauche ein Pflaster! Wie soll ich einschlafen, wenn

ich Angst habe, dass ich wieder schlecht träume!«
Alle sind hellwach.

»Kannst du dich nicht ein bisschen leiser fürchten, damit wir wieder schlafen können?«, grunzt
der Umräumer unfreundlich und dreht sich auf die
andere Seite.

Nun richtet Violet sich umständlich auf, dabei rutscht
Rotto auf die feuchte Wiese.

»Es riecht nach Regen!«, stellt sie fachkundig fest. Sicher-
heitshalber schnuppert sie ein zweites Mal in die kühle
Nachtluft. »Apropos – wo ist eigentlich die Decke der
Nacht?«

Gute Frage! Rotto hat die Stricknadeln eingesteckt, der

Umräumer hat die Brote gerichtet. Der Klugscheißer musste noch schnell was im Lexikon
nachlesen und Violet kosten, ob der Holundersaft nicht zu süß geraten war. Kurz und gut:
Die Decke der Nacht haben alle vergessen.
»Wie soll ich jetzt einschlafen?!«, jammert Aua,
»ich brauche meine Butterblumen.«

»Wer holt nun die Decke?«,
fragt Immerundewig unruhig,
weil niemand ein Ohr rührt.
»Ja genau!«, wiederholt Aua in
winselndem Tonfall, »wer?«

Erst Schweigen, dann ein großes Durcheinander. Dem einen ist der Weg zu lang, dem anderen zu dunkel, die eine ist zu müde, der andere zu furchtsam. Bei Immer-undewig dauert es wahrscheinlich bis zum Morgengrauen, bis er endlich zurück ist. Am schnellsten wäre wahrscheinlich Nori, aber die stellt sich taub.

»Das Gru ist f-flott«, murmelt Rotto mit einem verschlafenen Blick in die Ferne, »es hat k-keine Angst und sch-scheut keine Anstrengung. Außerdem könnte es die G-gelegenheit nutzen, um zu schauen, ob sein Haus sich schon wieder d-davongemacht hat.«

Der Klugscheißer erklärt sich wortreich bereit, das Gru zu begleiten. Damit es unterwegs nicht von dringenden Arbeiten aufgehalten wird und auch ordentlich schnell wieder zurückkommt. Er schlägt noch rasch sein Taschenlexikon mit den Sternbildern auf, dann machen sie sich auf den Weg.

»Das dauert aber lange«, raunzt Aua, da sind die beiden gerade erst aufgebrochen.

»Wo sind meine Butterblumen? Ich bin so müüüüde.«

Er gähnt. »Kann nicht wenigstens jemand mit mir Armer-schwarzer-Kater spielen?«

Der Umräumer kramt verdrossen im Picknickkorb und brummt: »Hast du Ordnung in dem Laden, bleiben Motten fort und Maden.«

Violet macht munter weiter: »Erst musst du die Nüsse knacken, dann kannst du erst Küsse backen.« Dann wieder der Umräumer: »Gegen vornehm große Blässe hilft ein Brot mit bloßer Kresse«, dann wieder Violet: »Ein Trunk aus dunkler Schokolade wärmt Zehen, Hals und Wade«, und so weiter und so weiter.

Endlich ist von Weitem dumpfes Trampeln zu hören.

»Das klingt aber nicht nach Regen«, stellt der Umräumer fest.

»Aber es riecht danach«, beharrt Violet.

Alle sperren die Ohren auf und lauschen gespannt.

Das Trampeln wird zum Hufeklappern.

»Der Wetterbericht sagt Regen voraus!«, stößt das Grubenpony keuchend hervor und zieht die Decke der Nacht aus seiner Lore.

»Temperatursturz mit sibirischer Kälte!«, ergänzt der Klugscheißer.

Rasch schlüpfen sie unter das sichere Dach aus Strickmaschen. Violet quetscht sich auf das letzte freie Fleckchen.

»Aua!«, stöhnt da jemand, der schon fast eingeschlafen ist.

15 Die Eintopf-Geschichte,

in der alles so gut vorbereitet ist und doch nur der Briefträger kommt

Das Grubenpony schnauft erschöpft.
Das ganze Haus ist geschrubbt. Die
Fenster geputzt. Der Umräumer hat
im Vorgarten Stiefmütterchen
gepflanzt und Lavendel. Die Decke der Nacht liegt blitz-
sauber und einladend auf dem Sofa. Auf dem Herd
schmurgelt ein köstlicher Bohneneintopf. Alles ist vorbe-
reitet, der Reisende kann kommen.

Violet taucht gerade wieder den Schöpflöffel in die Suppe
und kostet.

»Mmmh. Vielleicht noch eine klitzekleine Prise Pfeffer?«
Sie verdreht die Augen und ihre Nase zittert vor Konzen-
tration.

Nori sitzt schon seit dem frühen Morgen im Apfelbaum
und meldet alle fünf Minuten,
wenn sie etwas Unvorher-
gesehenes am Horizont
erblickt: »Eine gefleckte
Katze! Der Herr Ober

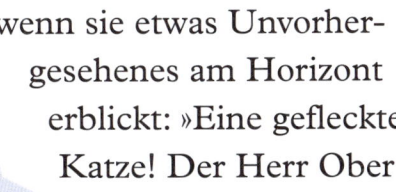

vom Schleckermaul auf seinem Rad!« Natürlich pfeift er ein Liedchen: »Muss i denn, muss i denn, zuuum Städtele hinaus …«

Aua raunzt gelangweilt: »Wo doch jetzt alles so schön sauber ist, könnten wir uns endlich die Zeit mit Armer-schwarzer-Kater-Spielen …« Aber niemand hört so richtig zu.

Immerundewig hat sich schon vor Stunden an der Gartentür postiert und tappt nervös den Gehsteig auf und ab.

Zwei Frauen kommen mit ihren Einkaufskörben vom Markt. Sonst nichts. Jetzt humpelt der Briefträger um die Ecke. Er hat einen schiefen Gang, weil seine Tasche so schwer ist.

»Post für uns?!«, rufen Nori und Franzi gleichzeitig, Aua springt auf und wirbelt vor Begeisterung sein Katertier am Schwanz herum. Alle schauen neugierig auf den Briefträger, der umständlich die Tasche auseinanderklappt. Er hofft natürlich, dass ihm jemand einen Teller der köstlichen Suppe anbietet. Sie duftet gar zu verführerisch.

Der Briefträger legt eine Karte vor sich hin. Auf der Vorderseite ist ein großer Elefant abgebildet, der einer grinsenden Maus eine Blume überreicht.

Violet wischt sich die Hände an der Schürze ab und
beginnt zu lesen:

»Meine Lieben, ich wäre heute wirklich gern bei euch. Ich
kann den delikaten Bohneneintopf bis hierher riechen,
lasst ihn euch schmecken.«

Alle sind verwundert.

»Delikat kommt aus dem Französischen und bedeutet
fein, wohlschmeckend«, mischt sich der Klugscheißer ein,
weil er das schon wieder als Aufforderung versteht.

Violet funkelt ihn ungeduldig an, sie hat es gar nicht gern,
wenn man sie beim Vorlesen unterbricht. »Es ist so schön
zuhause, und es wäre wirklich wichtig, wieder einmal
nach dem Rechten zu sehen. Leider kann ich aber im
Moment nicht weg von hier.«

Und die Suppe?
Wann gibt es die?

Das Grubenpony seufzt enttäuscht.
»Aber mein Grund ist ein fröhlicher«,
fährt Violet fort, »ich habe
mich verliebt. Unsterblich
verliebt. In eine wahrhaft
göttliche Wasserschildtröke.
Nein!!« Violet schüttelt
verzweifelt den Kopf.
»In eine wahrhaft
göttliche Wasserschild-
kröte.« Sie seufzt
erleichtert. »Ich kann euch
gar nicht beschreiben, wie
wunderbar es ist, auf ihrem
Rücken durch das Wasser zu
gleiten. Diese eleganten Bewegungen!
Es ist wie ein himmlischer Tanz! Und
ihr Lachen! Wenn sie lacht, bekomme ich
Gänsehaut auf den Knien. Kurz gesagt, meine
Lieben, es wird also noch ein wenig dauern, bis ich
euch wieder in die Arme schließen kann. Lasst euch
die Suppe schmecken! Ihr hört von mir, bis bald, euer
Reisender.«

Violet lässt den Brief sinken.
»Im Übrigen«, macht sich der Klugscheißer wichtig,

»möchte ich noch anmerken, dass die Artenvielfalt der Wasserschildkröten erstaunlich ist, zum Beispiel ...«

»Ich bin untröstlich«, schluckt das Gru, »untröstlich.«

»Ob er seine neue Liebe vielleicht mitbringt? Wir haben doch schon alle so auf ihn gewartet! Was meint ihr?« Immerundewig schaut neugierig von einem zum anderen.

»Liebe, Liebe«, Nori schüttelt ungnädig den Kopf, »hier geht es um Verantwortung!«

»Eben! Fährt einfach auf und davon und verliebt sich ein bisschen!« Auch der Umräumer ist empört. Aua ist so schrecklich hungrig, dass er Violet ständig an der Schürze zupft. Endlich stellt sie die Teller auf den Tisch.

»Ach was, der Reisende wird schon wissen, was er tut, und jetzt lassen wir uns den Eintopf schmecken.«

»G-genau«, pflichtet Rotto bei und alle beginnen gemeinsam zu löffeln.

16 Die Schatz-Geschichte,
in der fast hundert-und-ein Taschentücher gepackt werden und Nori mit Immerundewig zu einer Reise aufbricht

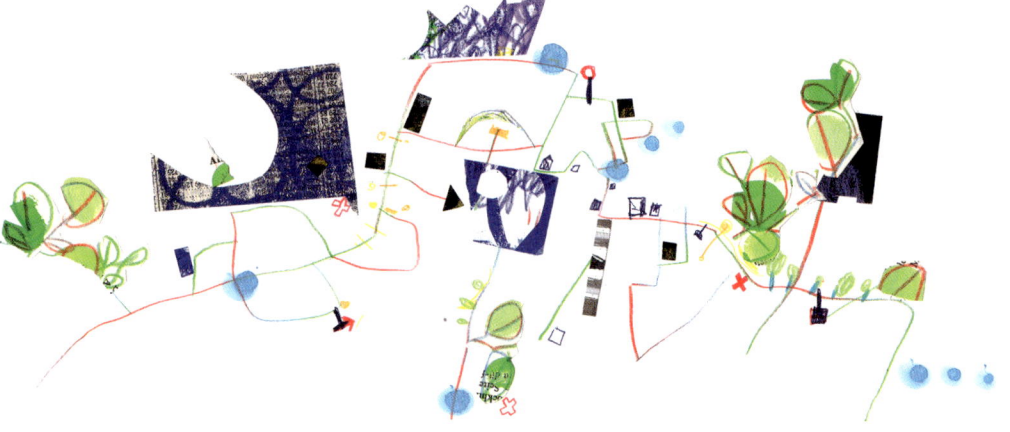

»Wir müssen packen!« Geschäftig plustert sich Nori auf.

»Warum?«, fragt Immerundewig neugierig.

»Du weißt doch, dass wir heute Nacht verreisen«, meint Nori ein bisschen ungeduldig und zupft an ihrem Reise-Pelz aus wärmenden Daunen. »Also, Franzi«, sagt sie, »bist du bereit?«

»Was soll ich einpacken?«

Nori überlegt. »Zuerst brauchen wir einen Reisesack, in den wir alles hineingeben können.«

»Und sonst?«

»Dann brauchen wir noch etwas, womit wir die Marmeladenbrote einwickeln können. Servietten zum Fingerabwischen sollten wir auch mitnehmen. Schließlich wollen wir gepflegt essen, selbst wenn wir auf Reisen gehen.«

»Was noch?«

»Also«, sagt Nori und streicht ihre Augenbrauenfederchen glatt, »dann sollten wir das Segel einpacken.«

Langsam beginnt Immerundewig die Sache interessant zu finden. »Wohin segeln wir?«, fragt er.

»Mit dem Wind«, stellt Nori fest, »immer der Windnase nach. So kommen wir am weitesten.«

»Haben wir eine Seekarte mit? Mit allen Inseln und Buchten und Badeplätzen und Piratenverstecken?«

»Sicher. Ist alles gespeichert, hier oben.« Nori zeigt auf ihrem Kopf dorthin, wo die Federn ganz kurz sind.

»Finden wir dann einen Schatz?« Immerundewig hält es nicht mehr aus. Segeln – Meer – der kleine grüne Punkt beginnt zu jucken. »Finden wir einen Schatz?«, fragt er noch einmal.

»Wenn du die Marmeladenbrote nicht vergisst.« Nori ist mit wichtigeren Dingen beschäftigt. »Pack auch Schattenspender ein, damit uns die Sonne beim Segeln nicht die Köpfe verbrennt, und Verbandszeug, falls einer von uns sich wehtut auf der Suche nach dem Schatz. Man kann nie wissen.«

»Auf der Schatzsuche?« Immerundewig kann es nicht glauben.

»Ja sicher!«, sagt Nori. »Wenn wir auf einer felsigen Insel landen zum Beispiel. Und dir auf einem steilen Weg ein Stein auf den Kopf fällt.«

»Wieso mir? Muss ich schon wieder hinter dir hergehen?« Beleidigt dreht sich Immerundewig zur Seite.

»Wenn wir da sind, darfst du vorn gehen«, antwortet Nori ungehalten. »Wir sind aber noch nicht fertig mit Packen!«

»Nicht?« Immerundewig reibt seinen juckenden grünen Punkt. »Und danach finden wir den Schatz?«

»Sicher«, murmelt Nori beiläufig. Sie ist schon wieder ganz woanders mit ihren Gedanken. »Ich glaube, das ist alles.« Sie überlegt, kräuselt ihre Schnabelnase und wiederholt dann entschlossen: »Das ist alles!«

Immerundewig geht zur untersten Schublade von Noris Küchenkasten und holt die Hunderter-Packung Papiertaschentücher heraus. Mit der Packung unterm Arm wackelt er zu seinem Panzerschrank und zieht unter dem Fotoalbum den Reisesack hervor: ein wunderschön gebügeltes weißes Stofftaschentuch.

Sicher finden wir einen Schatz!

Er klappt die zwei Marmeladenbrote zusammen, wickelt sie in ein Papiertaschentuch, legt die eingewickelten Brote auf den Reisesack und gibt die Hunderter-Packung Papiertaschentücher dazu. Dann knüpft er den Reisesack zusammen und sagt: »Fertig!«

»Bist du ganz sicher?«, fragt Nori.

Immerundewig ist eingeschnappt: »Was denkst denn du? Meinst du, ich hätte nicht aufgepasst?«

Dabei hat er wirklich alles eingepackt, denn hundert Taschentücher sind doch mehr als genug für die paar Dinge, die sie brauchen: etwas zum Einwickeln für die Marmeladenbrote – ein Taschentuch. Servietten zum Fingerabwischen natürlich – zwei Taschentücher. Für gepflegtes Essen – ein paar Mal zwei Papiertaschentücher. Ein Segel – ein Taschentuch. Keine Seekarte – die hat Nori ja im Kopf, Schattenspender für ihre Köpfe – das sind auch nur zwei pro Tag. Und etwas Verbandszeug – das hoffentlich keiner brauchen wird.

Das ist doch alles, was Nori wollte, oder?

»Puh«, stöhnt Nori und lässt sich auf den Stapel mit den Piratenbüchern plumpsen. Mit dem Flügelrücken wischt sie sich den Schweiß von der Stirn. »Jetzt bin ich aber hundeeulenmüde!«

»Du auch?« Ja, er ist hundeschildkrötenmüde.

Aber das will er nicht so gern zugeben.
Nori zupft mit ihren Feder-Fingerspitzen
ein Taschentuch aus der Hunderter-
Packung und tupft sich das Gesicht
ab. »In der Sommerhitze zu segeln
ist wirklich nicht ohne. Und so nah
ist eine Schatzinsel schließlich
auch nicht.«
»Stimmt«, bestätigt Immerundewig, »findest du nicht auch, dass
wir uns ein Nickerchen verdient
haben?«

Ein Nickerchen. Dafür ist Nori jeder-
zeit zu haben. Ein Nickerchen bedeutet
nämlich Schlafen und Schlafen bedeutet

Träumen und Träumen ist neben dem Lesen
Noris Lieblingsbeschäftigung. Außer dem Reisen mit
Immerundewig natürlich. Aber das kann man eigentlich
nicht vergleichen.
»Finden wir noch einen Schatz?«, fragt er zaghaft.
»Gleich«, meint Nori, »erst müssen wir unter die Decke
der Nacht schlüpfen.«
Die Decke der Nacht, endlich. Sie schlüpfen mit ihrem
Reisesack in das kleine Zelt der Dunkelheit, das unter
dem großen hochgewölbten Nachthimmel steht.
Immerundewig kuschelt sich an Nori, Nori legt ihre

Bauchfedern weich an Immerundewigs Panzer. Dann horchen sie in die Stille.

»Wo ist der Schatz?«

»Gleich«, brummelt sie, »es dauert nur noch einen Moment!«

Die beiden kuscheln sich ein bisschen näher zusammen. Im Dunkeln zählen sie die Maschen in der handgestrickten Decke der Nacht. So viele Maschen, so viele Schafe. So viele Maschen, so viele Schafe. Die Nacht wird weich und schwer. Nori klappt die Augen zu und Immerundewig spürt, wie der Schlaf ihn in seinem Netz einfängt. »Morgen, wenn wir aufwachen«, murmelt sie, »du wirst sehen, Immerundewig, morgen ist er da, der Schatz.« »Schatz?«, seufzt er, dann ist er eingeschlafen.

Jetzt ist alles ganz still – und die zwei Fünkchen beginnen zu leuchten, eins in Noris Federpelz und eins in Immerundewigs Runzelhaut. Die beiden Funken steigen langsam torkelnd höher und höher und noch bevor sie die Decke der Nacht erreichen, vereinigen sie sich zu einem pochenden Licht. Es ist viereckig wie ein winziges Taschentuch und leuchtet ebenso weiß. Das pulsierende Licht setzt sich in eine der Strickmaschen. Da wird es bleiben, bis morgen, wenn Nori und Immerundewig aufwachen

und diesen Schatz finden – die Erinnerung an die gemein-
same Reise.

Und alle, die unter die Decke der Nacht schlüpfen,
können es sehen.

Und alle, die unter die
Decke der Nacht
schlüpfen, können es sehen.

Renate Habinger hat eine fast so große Bibliothek wie Nori und wohnt auch gern so hoch oben. Außerdem hat sie einen Schnuffelhund, der ein bisschen aussieht wie das Grubenpony. Zum Glück ist er kleiner. Wenn sie nicht gerade Bücher macht, erntet sie Spargel, ansonsten vorzugsweise Himbeeren. Marmelade muss sie haben und Gäste auch, dann ist das Leben ein Vergnügen!

Michaela Hampala wünscht sich genauso wie Violet ein Loch in der Decke, es darf ruhig ein bisschen regnen. Marmeladenbrote mag sie, Stachelbeeren! Und Bücher! Sie liebt es, Sprache zu erforschen und die Buchstaben an den richtigen Ort zu setzen. Gern würde sie den Reisenden begleiten und von überall Ansichtskarten schreiben. Das wäre ein Vergnügen!

(Eine Bastelanleitung findest du ganz hinten im Buch.)

Rotto zum Ausschneiden

Bastelanleitung

1. Erst musst du die Figur mit einer Schere an der gestrichelten Linie entlang ausschneiden ...

2. ... dann mit Klebstoff auf ein dickes Blatt Papier oder dünnen Karton aufkleben.

2. Schneide die Figur jetzt noch einmal aus, anschließend ...

3. ... falze den Bereich unterhalb der Füße an der gestrichelten Linien entlang nach hinten.

4. Jetzt schneide die Flappe aus, falze auch sie an der gestrichelten Linie und ...

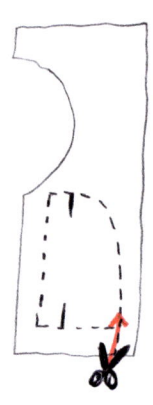

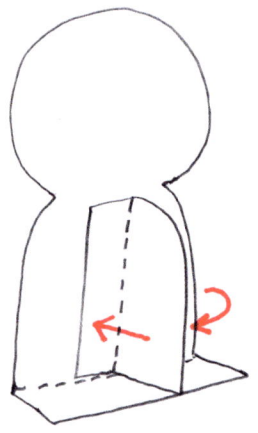

5. ... klebe sie wie im Bild links auf die Rückseite deiner Figur. Schon ist die Bastelei fertig und du kannst Nori, Aua oder Rotto an einem Platz deiner Wahl aufstellen!